# 게이샤
## 경영학

First published in Japan 2007 by TOYO KEIZAI INC.
Korean translation rights arranged with TOYO KEIZAI INC.
through Shinwon Agency Co.
Korean translation edition copyright©2011 by Paperroad Publishing Co.

이 책의 한국어판 저작권은 신원 에이전시를 통한 TOYO KEIZAI INC.와의 독점계약으로
도서출판 페이퍼로드에서 소유합니다.
저작권법에 의해 한국 내에서 보호를 받는 저작물이므로 무단 전재 및 무단 복제를 금합니다.

# 게이샤 경영학

**니시오 구미코** 지음 | **고경문** 옮김

**페이퍼로드**
paperroad

**옮긴이 고경문**

연세대학교 경영학과를 거쳐 오사카 간사이 대학 상학부를 졸업하고 동 대학원 상학연구과를 수료한 후 다수의 일본 회사에서 근무했다. 지금은 출판기획과 번역을 하고 있다. 옮긴 책으로는 『10인 이하 회사를 경영하는 법』 『일하는 행복』 『리더 스타일 참모 스타일 : 1인자와 2인자의 심리학』 등이 있다. blog.naver.com/honyaku24

# 게이샤 경영학

초판 1쇄 발행 2011년 3월 10일
개정판 1쇄 발행 2012년 4월 2일

지 은 이   니시오 구미코(西尾 久美子)
옮 긴 이   고경문

펴 낸 이   최용범
펴 낸 곳   페이퍼로드
출판등록   제10-2427호(2002년 8월 7일)
　　　　　서울시 마포구 연남동 563-10번지 2층

기　　획   이송원
편　　집   김남희
책임교열   김정선
마 케 팅   윤성환
경영지원   임필교

이 메 일   book@paperroad.net
홈페이지   www.paperroad.net
커뮤니티   blog.naver.com/paperroad
Tel (02)326-0328, 6387-2341 | Fax (02)335-0334

I S B N   978-89-92920-64-3  03320

· 이 책은 『교토 하나마치 경영학』의 개정판입니다.
· 책값은 뒤표지에 있습니다.
· 잘못 만들어진 책은 구입하신 곳에서 바꾸어 드립니다.
· 이 책은 저작권법에 따라 보호받는 저작물이므로 무단 전재와 무단 복제를 금합니다.

**추천의 글**

# 하나마치에서 배우는 고객만족의 정수

교토京都에는 일로 또 관광으로 수십 차례나 방문했다. 그러면서 이곳 게이샤(게이코)들을 볼 때마다 여느 곳과 마찬가지로 관광지의 전통적 기생쯤으로 생각했다. 그러다가 니시오 구미코 씨가 쓴 『교토 하나마치 경영학』이란 책을 접하고는 나도 모르게 이곳 하나마치花街에 푹 빠져들고 말았다. 교토의 하나마치는 겉보기와는 달리 일본의 전통, 나아가서는 일본적 경영의 강점을 이해할 수 있는 보고寶庫라고 생각했기 때문이다.

사실 일본의 전통을 이해하고 그 강점을 발견하기란 그다지 쉽지 않다. 예를 들면 일본식 씨름인 스모相撲에 대해 우리가 별로 흥미를 느끼지 못하는 것은 우리의 씨름과 그 뿌리는 같아 보이지만 수백 년에 걸쳐 일본 독자적으로 축적해온 전통을 이해하기가 쉽지 않기 때문일 것이다. 그런데 이 책은 게이코, 마이코라는 흥미로운 테마를 가지고, 현대 경영학의 시점에서, 일본 전통을 알기 쉽게 설명하고 있어 일본을 이해하기에는 더할 나위없는 저서라고 생각했다.

이 책이 나의 관심을 자극한 것은 바로 저자의 집필 동기이다. 왜 유독 교토에만 하나마치라는 유흥가가 지금도 번창하느냐는 것이다. 예전에는 한국이나 일본 다른 곳에도 요정과 기생 또는 게이샤가 많았다. 하지만 이들은 대부분 사양산업이 된 지 오래이다. 그럼에도 불구하고 하나마치만이 지금도 번창하는 이유는 이곳만의 독특한 시스템이 반드시 존재할 것이라는 생각이 들었기 때문이라고 했다. 저자의 '작업가설'은 적중했고 이곳에는 고객을 만족시키는 법, 인재를 육성하는 법, 신뢰를 바탕으로 거래하는 법, 효율적으로 분업하는 법 등 서비스산업의 본질적 요소가 고스란이 간직되어 있었다. 현대의 여느 경영학 저서 못지않은 충실한 내용으로 채워져 있다.

서비스업의 정수라 할 수 있는 유흥가가 지향해야 하는 최대의 경영목표가 고객만족이라는 것은 누구나 아는 사실이다. 문제는 어떻게 고객을 만족시킬 것인가라는 것이다. 핵심 요소는 고객의 니즈를 소상히 파악하는 것일 게다. 이를 위해 하나마치에서는 처음 오는 손님은 받지 않는다고 한다. 왜냐하면 처음 오는 손님일 경우 고객의 니즈를 잘 모르기 때문에 손님을 만족시킬 수 없기 때문이다. 고객이 유흥가에서 만족하는 요소는 게이코의 기량과 요리 맛 그리고 마담의 능숙함일 것이다. 하나마치에서는 이들 각 요소마다 최상의 서비스를 제공하기 위해 철저한 분업으로 전문화한다. 바로 이 점이 여느 요정과 다른 점이다.

게이코들은 오키야置屋에서 함께 살며 뇨코바女紅場라는 전문교육기관에서 기량을 함양한다. 가무가 어설프면 오차야라는 연회장에 불려갈 수 없기 때문에 치열하게 경쟁하면서 가무를 연마한다. 또 오차야에서 손님들이 원하는 요리를 전부 잘 만들 수 없기 때문에 전문 요리점에 의뢰한다. 당연히 요리점끼리 경쟁이 유발되는 것이다. 그러나 고객만족의 정수는 오차야의 주인인 오카상의 역할에 있다. 손님의 니즈를 소상히 파악하여 철저하고 냉철하게 게이샤와 요리를 주문하는 것은 물론 가무에 대한 값과 팁이나 심지어는 교통비까지 대납하면서 고객만족에 전력을 다한다. 오카상의 경쟁력은 얼마나 독창적이며 섬세한 감성으로 서비스를 코디네이트해내느냐에 달려있다. 그리고 계산은 나중에 한다. 만약 손님이 가격이 비싸다고 생각하면 다시 찾아오지 않을 것이기 때문에 가격도 적절하게 정한다. 손님과 오카상 간의 완전한 신뢰를 바탕으로 한 거래가 이루어지고 있는 것이다.

도쿄 등 다른 지역의 요정이 게이샤와 요리사를 보유하는 수직 통합 시스템이라 한다면, 교토 하나마치는 고객의 니즈에 초점을 맞춘 철저한 수평분업 시스템이다. 최근 들어 일본기업들의 수직 통합 시스템이 경쟁력을 잃어 가는 이유도 이 책을 통해 가늠해 볼 수 있을 것이다. 이처럼 교토의 하나마치는 일본적 전통을 보존하면서도 최신의 기업경영의 관점에서도 훌륭한 비즈니스 모델이 수백 년간 작동되고 있다. 서비스업은 물론 제조업에도 시사하는 바가 적지 않다.

이우광 삼성경제연구소 수석연구원, 『일본 재발견』 저자

머리말

# 신비롭고 은밀한 세계 '교토 하나마치'

'교토' 하면 일본인들은 가장 먼저 마이코舞妓, 20세 이하의 견습 게이코를 떠올린다. 일본 고유의 머리 모양과 장식, 길게 늘어뜨린 오비허리띠를 맨 마이코는 확실히 교토의 상징이다. 벵가라고시紅殼格子, 가늘고 긴 나무를 가로세로로 엮어서 만든 격자형의 문. 안에서 밖은 보이지만 바깥에서 안은 보이지 않음가 있는 집들이 늘어서 있고 포석이 깔린 도로가 이어져 교토만의 독특한 분위기를 보여주는 기온祇園, 교토의 대표적인 번화가 및 유흥가_옮긴이에는 저녁이면 '오자시키'お座敷, 손님을 응대하는 자리 또는 술자리_옮긴이로 향하는 마이코들을 보려는 관광객들로 북적인다. 매년 교토를 방문하는 관광객은 약 4천 8백만 명 정도. 교토 붐으로 마이코를 소개하는 사진집의 출간이나 매스컴의 취재도 많다.

여러 매체에서 교토 마이코와 게이코芸妓, 교토에서는 게이샤를 게이코라고 함_옮긴이의 아름다움과 화려함을 소개하고 있다. 하지만, 게이코와 마이코가 일하는 교토 하나마치京都花街, 일본 전통술집이 몰려 있는 교토

의 유흥가_옮긴이에 대해 더 알고 싶어도 일반인들에게는 더 이상의 접근이 쉽지 않다. '처음 오는 손님을 거절'하는 '오차야'お茶屋, 게이코와 마이코의 가무와 요리, 음료를 제공하는 장소인 '오자시키'가 있는 곳_옮긴이의 영업방침 때문에 일반인들은 게이코, 마이코와의 접촉이 쉽지 않다. 하나마치에 대한 정보도 모두 간접적인 루트를 통해서만 접할 수 있다. 교토 하나마치는 일반인들에게는 보이지 않는 벽으로 둘러싸인 미지의 세계인 것이다.

마이코와 게이코를 지망하는 오늘날의 젊은 여성들 대부분은 일본 전통무용과 전통음악을 전혀 모른 채 교토 하나마치의 문을 두드린다. 그녀들은 일 년 동안의 수련기간인 시코미仕込み 생활을 거쳐 마이코로 데뷔한다. 시코미 동안 기예를 연마하고 교토 사투리를 배운 후에야 비로소 기모노를 입을 수 있다. 또한, 하나마치라는 일본 전통사회의 오래된 규율들을 익혀야 한다. 마이코가 되면 일본 전통머리 모양을 흐트러뜨리지 않으려 얇은 천을 얹은 나무베개箱枕에서 자는 고통에도 익숙해져야 한다. 일본인이라 해도 하나마치의 이런 특징들을 아는 사람은 뜻밖에도 극소수다.

이 책은 교토 하나마치의 실체를 전하는 동시에 단순하지만 중요한 의문점에 답을 해주고 있다. 왜 현대의 젊은 여성들이 힘든 수련과정을 거쳐야 하는 하나마치에서 일하는 것일까? 도요토미 히데요시와 가부키를 만든 미즈모노오쿠니까지 거슬러 올라가는 장구한 역사의 교토 하나마치가 왜 지금까지도 인기가 있을까? 왜 누구

일본 전통이 묻어나는 교토 하나마치 . 일본 특유의 고풍스러운 목조가옥에서 전통의 멋과 운치가 느껴진다.

나 한 번은 하나마치에 가보고 싶어 할까? 쉽게 말하자면 '왜 하나마치가 존재하나?' '왜 현대의 젊은 여성들이 힘든 수련을 참아내고 마이코가 되려는 것일까?'라는 궁금증에 대한 답을 찾아낸다.

이 책에서 필자는 '교토 하나마치'라는 비밀의 세계를 400년 가까운 역사를 가진 전통문화산업으로 간주하고 지금까지 살아남은 이유를 사회과학과 경영학적인 시점에서 분석한다. 교토 하나마치의 '지속가능한' 노하우가 경쟁사회인 현대 비즈니스에 매우 유용하다는 판단으로 필자는 무려 5년간 필드 워크를 통한 철저한 현장조사를 통해 직접 발품을 팔고 몸소 경험한 내용을 토대로 경영학적 관점에서 진지하게 접근하였다.

또한 이 책은 교토 토박이인 필자의 강한 집념의 결과물이다. 교토 시모교下京구에서 대대로 미곡상을 가업으로 하는 집안에서 자란 필자에게 마이코와 하나마치는 낯선 존재가 아니다. 교토에는 '6세 6월 6일에 수련을 시작하면 고수가 된다'라는 말이 있는데 필자 역시 6세부터 가미가타마이上方舞, 근세 교토와 오사카 지방에서 발생한 일본 전통무용를 배웠다.

매년 봄과 가을에 열리는 하나마치 춤 공연에도 참가했다. 여름이면 가모가와 유카鴨川の床＊에서 고객을 접대하는 게이코와 마이코들을 보았고, 연말에는 가오미세 소켄顔見世總見도 보았다. 온나가부키의 발상지에 세워진 극장 미나미자南座에서는 매년 12월에 26일간 가부키의 인기 배우가 총출연하는 가오미세 흥행이 열린다. 이때 가부키 공연 중 5일 동안 차례로 다섯 곳의 하나마치 게이코와 마이코들이 화려한 기모노를 입고 관람을 하는데 이것을 가오미세 소켄이라고 한다. 필자는 이때 다섯 곳의 하나마치에서 총출동한 게이코와 마이코들의 눈부시게 화려한 모습에 마음을 빼앗겼다.

필자는 교토 하나마치에 대해 다음과 같이 말한 적이 있다. "오차야의 오자시키에 동석할 기회를 얻어 언니뻘의 게이코에게서 어릴 적 할머니에게서 듣던 교토 사투리를 들었을 때 마음이 활짝

---

가모가와 유카: 일본 지바현의 도시인 가모가와 강변에 평상을 만들어 그 위에서 요리와 술을 즐기는 교토의 행사. 5월에서 9월에 걸쳐 열리고 게이샤들과 즐기는 일도 가능하다.

열리는 느낌이었다. 그렇다, 여기는 교토다. 접대문화가 오래전부터 있었다. 내가 태어나고 자란 교토를 가슴 깊이 호흡할 수 있었다."

자, 교토의 분위기를 즐기면서 교토 하나마치의 세계로 떠나보자.

니시오 구미코西尾 久美子

교토의 전통유흥가 하나마치는 비밀의 세계라고 할 수 있다. 거리에서 게이코를 보는 것은 매우 드문 일이며, 대부분의 일본인들도 게이코를 만나기 어렵다.

차 례

추천의 말 | 하나마치에서 배우는 고객만족의 정수 … 5
머리말 | 신비롭고 은밀한 세계 '교토 하나마치' … 9

## 1장 교토 하나마치는 어떤 곳인가?

전통이 살아 숨 쉬는 교토 하나마치 … 21
교토 5대 하나마치 '고카가이' … 25
교토 하나마치의 시장 규모 … 34
춤추는 무희, 마이코 … 42
오자시키의 프로, 게이코 … 48
이벤트 기획사, 오차야 … 55
예능 프로덕션, 오키야 … 60

**인사이드 하나마치**
기예는 팔아도 몸은 팔지 않는다 … 53
단나상은 어떤 사람입니까? … 66

## 2장 서비스업계의 프로, 게이마이코의 커리어

엄격한 승격제도 … 69
기예 연마를 위한 시스템, TWCA … 78
고객과의 식사 … 83
배우면서 일하고, 일하면서 배운다 … 88
실전을 통한 트레이닝 … 96

**인사이드 하나마치**
마이코로 변신하기 … 86

## 3장 하나마치 시크릿 코드

처음 오는 손님은 거절 … 105
오차야 유희는 신뢰의 증표 … 110
오자시키의 룰 … 116
지갑이 필요없는 신용거래 … 120
게이마이코의 영업 … 128
성과와 역량 중심의 경쟁 시스템 … 134
서비스 테크닉, 자모치 … 140
마이코다움과 게이코다움 … 145

### 인사이드 하나마치
미키마우스, 키티, 그리고 마이코 … 151

# 4장 교토 하나마치 경영학, 또 하나의 비즈니스 모델

역량 집중으로 경쟁우위 확보 ··· 155
화대의 가격경쟁력 ··· 160
오차야는 정보 중심의 소프트형 산업 ··· 164
겸업을 통한 효율성 개선 ··· 168
의사 결정의 비밀 ··· 175
변화에의 대응과 성장전략 ··· 181

**인사이드 하나마치**
교토 하나마치 vs 다카라즈카 vs 요시모토흥업 ··· 187

에필로그 ··· 189
참고문헌 ··· 192
옮긴이의 말 ··· 195

## 1장 교토 하나마치는 어떤 곳인가?

교토 하나마치는 일본의 역사와 전통이 살아 숨 쉬는 거리다. 하나마치는 위치상으로 교토의 번화가에서 조금 떨어져 있다. 옛 가옥들이 늘어서 있는 좁은 골목길에 있어 오래전 교토의 풍취가 물씬 풍긴다. 오늘날 교토 하나마치는 '고객 접대'와 '관광'의 두 가지 측면을 완벽히 계승하고 있다. 이제 교토 하나마치는 일본 문화의 중심에 서 있다. 게이마이코는 일본 관광산업의 얼굴이 되어 하나마치를 배경으로 한 팸플릿이나 포스터에 자주 등장한다.

# 전통이 살아 숨 쉬는 교토 하나마치

하나마치는 보통 사람인 우리에게는 그다지 인연이 없는 세계다. 게이코와 마이코는 물론이고 그녀들의 일터인 료리야料理屋, 요릿집와 오차야お茶屋도 전혀 친숙하지 않다. 텔레비전이나 영화, 연극에서 게이마이코이 책에서는 게이코와 마이코를 합쳐 게이마이코(芸舞妓)라고 표기한다가 고객을 접대하는 장면을 보는 정도다.

그러나 사실 하나마치는 우리와 가까이 있는 세계이기도 하다. 유흥가의 루트를 거슬러 올라가면, 하나마치로 번영했던 곳이 많다. 오사카의 북쪽 구역인 기타오사카나 남쪽 구역인 미나미쿠, 도쿄의 아사쿠사·신바시·아카사카·가구라자카 등 네온사인이 번쩍이는 유흥가도 십수 년 전에는 게이샤가 몰려다니는 거리였다.

교토 하나마치는 일본의 역사와 전통이 살아 숨 쉬는 거리다. 기온과 폰토초 근처에서는 저녁 6시가 되면 오자시키お座敷, 손님을 응대하는 연회자리 또는 술자리로 향하는 마이코와 게이코를 볼 수 있다. 요염

하고 화사한 그녀들이 좁은 돌길을 조신하게 걷는 아름다운 모습에 카메라를 고정시키는 관광객도 많다.

교토 하나마치는 도대체 어떤 곳인가.

## 교토 시내 대부분은 기생집이다

일본 전국 각지의 하나마치는 절과 신사, 항구, 대로변 등 사람들이 북적이는 장소에 자리하고 있다. 도쿄의 아사쿠사 같이 참배자를 위해 만든 찻집이 발전하여 하나마치가 된 경우도 많다. '항구에는 반드시 여자가 있다'라는 말이 있듯 항구에도 하나마치가 많이 생겼다.

지금과 같은 하나마치는 에도 시대에 만들어졌다. 에도 시대에 들어서면서 치안이 유지되고 경제 성장과 더불어 문화가 발전하면서 일본 전국에 하나마치가 번창했다.

특히 에도는 인구가 증가하고 남자들이 일자리를 찾아 전국 각지에서 모여들자 교토의 유곽인 시마바라島原, 에도 시대 도요토미 히데요시의 공인을 받은 교토 유일의 유곽 지대를 본뜬 요시와라도쿄의 대표적 환락가를 정책적으로 만들기도 했다.

에도 시대 후기의 작가인 다키자와 바킹통속소설의 일종인 게사쿠의 작가_옮긴이은 자신의 수필집 『기료만로쿠羈旅漫錄』1802에서 간사이 지방을 여행한 기록을 남겼는데 '교토 시내 대부분은 기생집이다'라

오차야. 게이코와 마이코가 일하는 곳으로 고객에게 전문적으로 연회를 제공하는 장소.

며 교토 하나마치의 규모에 대해 감탄했다고 한다.

도요토미 히데요시의 정실부인 '네네ねね'가 가무에 뛰어난 여성들을 적극적으로 지원해주었기 때문에 교토에는 많은 게이코가 있었다. 교토의 게이코들은 니진교토의 니진에서 짜내는 고급 비단_옮긴이과 유젠교토의 염색가 미야자키 유젠사이가 특수염료를 사용하여 염색한 천_옮긴이으로 만든 최고급 기모노로 치장했다.

오늘날 교토 하나마치는 '고객 접대'와 '관광'의 두 가지 측면을 완벽히 계승하고 있다. 이제 교토 하나마치는 일본 문화의 중심에 서 있다. 게이마이코는 일본 관광산업의 얼굴이 되어 하나마치를 배경으로 한 팸플릿이나 포스터에 자주 등장한다. 교토에 수학여행 온 중고생들이 마이코의 춤을 감상하고 같이 사진을 찍어 교토 여행의 기념으로 삼을 만큼 게이마이코는 교토 관광의 상징이 되었다.

# 교토 5대 하나마치 '고카가이'

현재 교토에는 '가미시치켄上七軒' '기온코부祇園甲部' '기온히가시祇園東' '폰토초先斗町' '미야가와초宮川町' '시마바라島原' 등 모두 여섯 개의 하나마치가 있다. 게이코와 마이코가 살고 그녀들의 일터인 오차야가 왕성하게 영업을 하는 곳은 시마바라를 제외한 다섯 곳이다. 이러한 다섯 곳의 교토 하나마치를 총칭하여 '고카가이五花街'라고 한다. 가미시치켄을 제외하고는 걸어서 10분 이내의 매우 가까운 거리에 있다.

### 가미시치켄上七軒

교토에서 가장 오래된 하나마치는 가미시치켄이다. 무로마치 시대 제10대 쇼군인 아시카가 요시타네足利義稙가 통치하던 시절 기타노샤라고 불린 현재의 기타노텐만구 일부가 소실되었다. 수리

### 표 1-1 교토 하나마치 지도

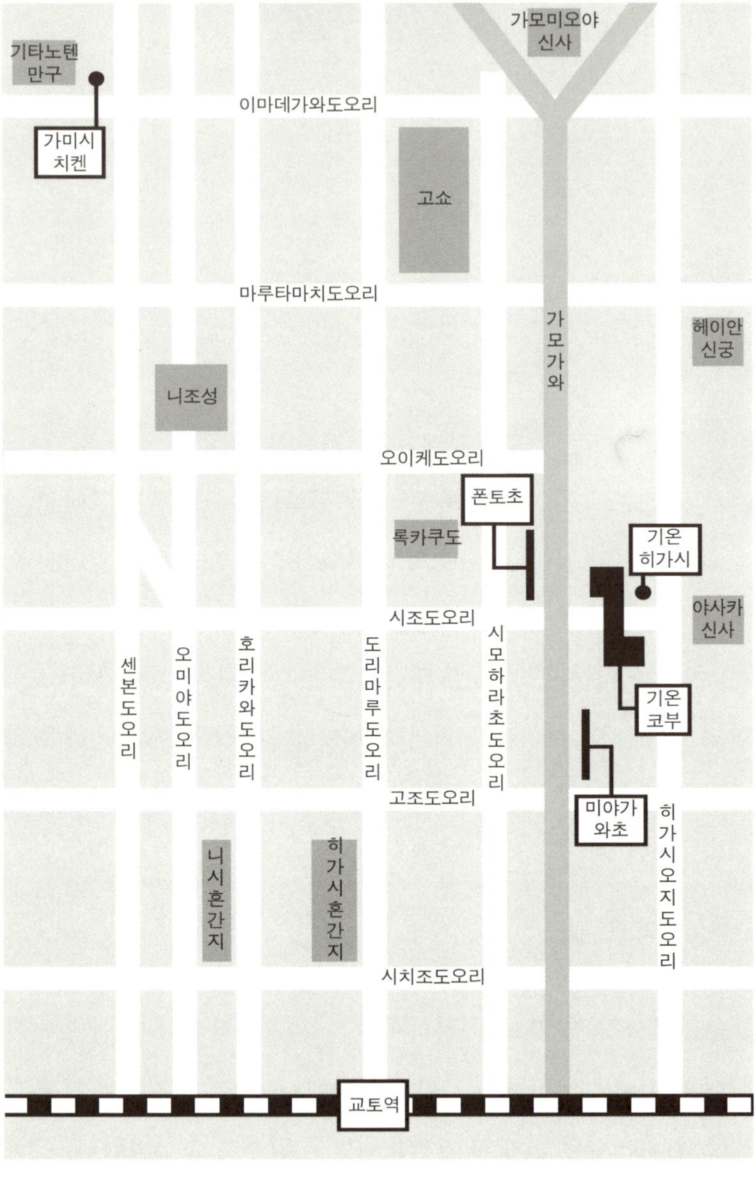

- 기타노텐만구
- 가미시치켄
- 가모미오야 신사
- 이마데가와도오리
- 고쇼
- 마루타마치도오리
- 니조성
- 가모가와
- 헤이안 신궁
- 오이케도오리
- 폰토초
- 록카쿠도
- 기온 히가시
- 야사카 신사
- 시조도오리
- 시모하라초도오리
- 센본도오리
- 오미야도오리
- 호리카와도오리
- 도리마루도오리
- 고조도오리
- 기온 코부
- 미야가와초
- 히가시오지도오리
- 니시혼간지
- 히가시혼간지
- 시치조도오리
- 교토역

교토 하나마치 경영학

야사카 신사. 교토 시 히가시야마 구에 있는 신사로 7월의 기온마쓰리로 유명하다.

후 남은 자재를 사용하여 일곱 개의 오차야를 지은 것이 가미시치켄의 기원이다. 그 후 1587년 도요토미 히데요시가 기타노샤에서 성대한 차茶 연회를 열었을 때 이 일곱 개의 오차야를 연회장으로 사용하면서 오차야의 영업권을 얻었고, 17세기 전반에는 막부의 허가를 받아 하나마치로 발전했다.

하나마치는 위치상으로 교토의 번화가에서 조금 떨어져 있다. 니진西陣에서 가깝고 옛 가옥들이 늘어서 있는 좁은 골목길에 있어 오래전 교토의 풍취가 물씬 풍긴다. 7월부터 9월 초순 사이 이벤트에 가까운 형태로 열리는 비어 가든beer garden에서는 게이마이코들과 직접 만날 수 있어 관광객들이 많이 몰린다.

### 기온코부祇園甲部와 기온히가시祇園東

　5대 하나마치 중 최대 규모인 기온코부와 인접한 기온히가시는 기온마쓰리祇園祭り로 유명한 야사카 신사의 참배객에게 차를 파는 찻집에서 시작했다. 16세기에 백탕아무것도 넣지 않고 끓인 물이나 차, 다과 등을 팔던 찻집은 시간이 흐르면서 술과 안주를 팔기 시작했다. 차를 만들거나 차 시중을 드는 여자들이 춤과 노래로 고객을 끌어들였는데 이를 전문으로 하는 게이코가 등장하면서 성황을 이루기 시작했다. 17세기 중반을 지나면서 100곳 이상의 가게가 생겨났다.

　기온코부와 기온히가시는 원래 1개의 하나마치였지만 메이지 시대에 들어서면서 교토부府에 의해 기온코부와 기온오쓰부, 즉 갑부와 을부, 두 곳으로 나누어졌다. 그 후 오쓰부乙部, 을부라는 명칭이 코부甲部, 갑부의 아래 같은 느낌이 든다는 이유로 기온히가시로 명칭을 바꾸었다.

　기온코부의 가부렌조歌舞練場, 각 하나마치가 보유한 극장 옆에는 '기온 코너'가 있다. 기온 코너는 일본 전통문화를 외국 관광객에게 알기 쉽게 소개하며, 마이코의 춤을 볼 수 있어 인기가 높다. 기온에 있는 야사카 신사는 '기온 씨氏'라고 불리며 지역민의 사랑을 받고 있다. 사실 일본 3대 마쓰리의 하나인 교토의 기온 마쓰리는 야사카 신사의 제사이다. 기온 마쓰리에는 마이코들이 가쓰야마勝山 머리

기온코부 가부렌조. 기온코부가 보유한 극장으로 춤 공연 등을 한다.

모양에 꽃이나 조화로 장식한 삿갓을 쓰고 봉납춤<sub>신에게 바치는 춤</sub>을 추는 하나가사준코<sub>花笠巡行</sub>를 한다. 기온 마쓰리와 하나마치는 지금도 밀접한 관계가 있다.

### 폰토초<sub>先斗町</sub>

폰토초는 돌길이 유난히 아름다운 하나마치다. 교토를 남북으로 흐르는 강 가모가와와 에도 시대의 운하 다카세가와 사이에 있는 좁고 긴 골목으로 유명하다. 폰토초의 명칭은 포르투갈어인 폰토<sub>선단</sub>, 폰토스<sub>다리</sub>에서 유래했다는 설이 유력하다. 에도 시대, 선

폰토초의 거리. 돌길이 유난히 아름다우며 좁고 긴 골목으로 유명하다.

박의 왕래가 빈번했던 다카세가와 근처의 폰토초는 1712년 요리점 경영 허가가 나면서 오차야, 하타고야식사를 제공하는 여관가 즐비해진 곳이었다. 그러다 1813년 게이코 고용 허가를 얻으면서 명실상부한 하나마치로 발돋움하게 되었다.

메이지 시대 폰토초는 실력만 있으면 출신을 따지지 않고 다른 하나마치에서 온 게이코도 받아들였다. 이는 기온의 경우 기온 출신의 게이마이코를 우선으로 양성하여 차분한 기온풍風을 중요시 여긴 것과 대조적이다. 그래서 폰토초에는 실력 있는 게이코들이 많다.

5월이 되면, 폰토초의 가부렌조 극장에서는 가모가와오도리鴨川

をどり가 열린다. 교토의 봄이 4월 미야가와초에서 열리는 기온코부의 미야코오도리都をどり로 시작된다면, 폰토초는 가모가와오도리로 여름의 시작을 알린다. 가모가와 강변 버드나무 신록이 초여름의 분위기를 자아내는데 폰토초에서만 볼 수 있는 광경이다.

### 미야가와초宮川町

미야가와초는 교토의 중심을 흐르는 가모가와 강변에 있다. 가모가와에서는 오쿠니가부키17세기 초 오쿠니라는 무녀에 의해 시작된 가부키. 무녀 오쿠니가 남장을 하고 나와 술집 여자와 서로 희롱하는 모습을 춤으로 표현한 것_옮긴이가 선풍적인 인기를 끌었다. 에도 시대 초기에도 연극용 소극장인 시바이고야현대 가부키의 전신가 즐비했다. 시바이고야에 연극을 보러 온 고객을 위해 생긴 찻집이 시간이 지나면서 술을 제공했고 에도 중기에 들어서면서 유흥가가 되었다. 가부키에서 인기 있는 오토와야가부키 배우의 호칭도 가부키 배우가 묵었던 미야가와초 오차야의 이름에서 유래했다. 현재 미야가와초에는 하나마치의 규모보다 마이코의 수가 많다. 교오도리京おどり. 4월 미야가와초에서 열리는 춤공연에서 춤추는 마이코들의 매혹적인 모습을 볼 수 있어 기온은 관광객들로 북적이지만, 도보로 몇 분 안 걸리는 가까운 거리임에도 미야가와초는 관광객이 많지 않아 비교적 조용한 정취를 즐길 수 있다.

조용한 정취를 즐길 수 있는 미야가와초 거리.

이 다섯 곳의 하나마치를 통틀어 교토 하나마치라고 하는데 각 하나마치의 게이마이코들은 기모노 및 머리 모양, 일상적인 행동에 특별한 차이는 없다. 그렇지만 분명 말로 표현할 수 없는 미묘한 차이는 존재한다. 역사와 성장 배경이 달라 오랜 기간 이어져 온 거리의 분위기와 특징이 전부 다르기 때문이다. 교토 토박이에게 각 하나마치의 특징을 물어보면 이렇게 답할 것이다.

"전통과 격식의 기온은 다른 지역 사람들을 접대할 때 좋은 곳이고 세련된 폰토초는 혼자 놀기에 제격이며 편안한 미야가와초는 여유롭게 쉬기 좋습니다. 교토 사람끼리 놀기 좋은 곳은 차분한 가미시치켄이지요."

좁은 지역에 밀집했지만 각각의 하나마치들은 저마다 미묘한 차이를 가지고 있다. 교토 사람이나 하나마치 단골 고객이라면 느낄 수 있는 이러한 차이는 하나마치들이 가깝게 붙어 있기 때문이다. 걸어서 10분 정도의 거리에 네 개의 하나마치가 몰려 있다. 조금 떨어진 가미시치켄도 차로 20분 정도다. 이렇듯 150년 가까이 다섯 개의 하나마치가 근접해 있기에 각 하나마치가 가진 분위기와 개성을 살리고 차별화를 이루지 않으면 고객은 오지 않는다.

# 교토 하나마치 시장 규모

오늘날의 하나마치는 서비스업이자 관광산업이다. 하나마치의 시장 규모를 정확히 알기는 매우 어렵다. 관련 단체나 교토 시 관광협회 등에서 발표하는 것도 정확한 통계가 아니고 추정에 불과하다.

고객이 오자시키를 이용하면 요리와 음료 대금 이외에 게이마이코에게 결제하는 '화대花代'가 있다. 따라서 하나마치 시장 규모는 게이마이코의 화대를 통해 추정 가능하다. 화대는 원래 향 한 개비가 타는 시간을 기본 단위로 게이마이코가 오자시키에 머무는 시간으로 계산한다. 따라서 지금도 화대의 단위는 한 개비, 두 개비라고 센다. 화대는 한 개비의 가격×개비 수로 계산한다. 한 개비의 시간과 가격은 하나마치에 따라 다르다.

게이마이코의 화대는 오차야를 나온 순간부터 귀가하기까지의 이동 시간을 포함하여 계산한다. 즉 '(이동 시간＋오자시키 시간)

×시간 단가=화대'라는 계산법을 적용한다. 게이코와 마이코는 교토물산전이나 관광 PR에 나설 때도 잦다. 신칸센이나 비행기로 지방이나 외국을 갈 때에도 이동 시간을 고려해 화대를 책정한다.

사전예약으로 게이마이코를 지명하는 경우 화대의 개비 수가 달라지기도 한다. 화대 이외에 게이마이코에게 주는 일종의 축하금祝儀, 축하하는 뜻을 나타내기 위해 내는 돈이나 물건. 게이마이코의 경력과 이벤트의 유무에 따라 금액이 달라진다이 있기 때문이다. 화대는 오자시키의 조건과 게이마이코의 상황에 따라 달라져 일률적이지 않다. 고객이 오차야의 오카상오차야의 경영자에게 축하금을 맡기면, 오카상이 해당 게이마이코에 맞추어 지급하는 방식을 취하기도 한다.

마이코의 데뷔인 '미세다시見世出し'와 세츠분의 '오바케お化け, 게이마이코가 스모 선수나 다양한 옷차림을 하고 오차야 안을 돌아다니는 것' 같은 특별한 행사에는 오자시키에 머무는 시간이 다른 때보다 짧아도 평상시와 같은 시간의 화대를 지급한다. 오자시키와 일의 내용, 장소에 따라 화대의 계산 방법이 달라지는데 하나마치 외부에서 게이마이코의 총 화대를 알아내기에는 무리가 따른다.

한 오자시키에서 게이마이코가 일하는 시간은 보통 2~3시간이다. 오자시키에서 게이마이코와 2시간 즐겼다고 하면, 상황에 따라 다르지만 필자의 경험상 통상적인 화대는 시간당 2만 5천~3만 엔 정도다. 게이마이코들은 보통 저녁 6시부터 밤 12시까지 일하는데 추정해보면, 한 사람당 1일 평균 10만 엔 정도의 수입이 생긴다. 출장을 가거나 사진 촬영 요청에도 응하는데 이를 전부 감안하면 평균적으로 하루 12만 엔 정도의 수입이 생긴다고 볼 수 있다.

하나마치의 공휴일은 매월 2일이다. 공휴일을 제외하면 게이마이코는 연간 300일 정도 오자시키에 출근한다. 이중 근무일수를 대략 80퍼센트 정도로 잡으면 게이마이코의 연간 총 화대는 1만 엔×300일×0.8=2천 880만 엔이다. 교토 하나마치 게이마이코의 수는 273명2007년 현재이고, 이 인원을 기준으로 계산하면 하나마치의 총 화대는 2천 880만 엔×273명=78억 6천 240만 엔한화 약 1천억 원. 개략적인 수치이지만 화대 규모가 어느 정도인지는 알 수 있다. 그러나 하나마치에는 화대 이외에도 여러 곳에서 금전거래가 오간다. 요리와 음식 비용, 오자시키 장식 비용, 게이마이코의 기모노와 오비, 신발, 지갑, 머리 장식 비용이 들어간다. 게이마이코의 머리를 매만지는 사람과 기모노를 전문적으로 입혀주는 오토코시에게 지급하는 비용과 게이마이코에게 기예를 가르치는 비용 등을 포함하면, 하나마치 전체에는 엄청난 규모의 돈이 움직인다고 볼 수 있다.

"마이코의 기모노는 주문 생산 시스템입니다. 최고급 명품으로 한 벌당 최저 2백~3백만 엔 정도입니다. 마이코 한 명을 키우기 위해 어느 정도의 비용이 드는지 계산해보지 않았지만, 족히 1억 엔은 들 것입니다"라는 하나마치 관계자의 말을 빌리면, 상상 이상으로 시장 규모가 크다는 것을 예상할 수 있다.

### 다른 지역의 하나마치

에도 시대에 번성한 다른 지역의 하나마치는 어떻게 되었을까. 에도 시대부터 도쿄와 오사카에는 교토에 필적하는 하나마치가 있었다. 이곳들은 메이지 시대를 거쳐 1950년대 중반까지 번창했다. 최고의 전성기를 이룬 1929년, 오사카 하나마치에는 약 5천 300명의 게이기芸妓가 있었다. 도쿄 하나마치에는 약 7천 500명의 게이샤가 있었다. 1965년에 들어서면서 오사카와 도쿄의 하나마치와 게이기는 급속하게 감소하게 된다.

| 도쿄 하나마치 | 신바시, 긴자, 야나기바시, 하나초, 요시초, 니혼바시, 아카사카, 시타야 이케노하타, 아사쿠사, 가구라자카, 후지미초, 요쓰야 아리키초, 요쓰야 오키도, 아자부, 하쿠산, 고마고메 신메이초, 유지마텐진, 고부쇼, 가라스모리, 신토미초, 레이간지마, 후카가와, 무코지마, 요시하라, 스사키, 신주쿠, 시나가와, 고단다, 메구로, 시부야, 다마가와, 조후시, 오메, 하치오지 | 33곳 |
| --- | --- | --- |
| 오사카 하나마치 | 난치지금의 미나미, 소네자키지금의 기타신치, 신마치, 호리에 마쓰시마, 도비타, 스미요시 | 7곳 |

오사카의 난치南地에는 노부타이能舞台, 일본 전통예술인 노가쿠를 연기하는 전용 무대와 찻집이 있었다. 일본을 대표하는 유명한 오차야인 난치야마토야南地大和屋도 영업 중이었다. 난치야마토야에는 게이기를 양성하는 학교인 '야마토야 기예학교'가 있었는데 가미가타마

표 1-2 도쿄 하나마치의 게이샤, 요정 수

|      | 신바시 | 아카사카 | 요시초 | 가구라자카 | 아사쿠사 | 무코지마 |
|------|--------|----------|--------|------------|----------|----------|
| 게이샤 | 80 | 39 | 15 | 34 | 54 | 120 |
| 료테이 | 16 | 7 | 1 | 9 | 10 | 18 |

전국 요리업 생활위생 공동조합연합회 조사(2005)

이 上方舞, 교토, 오사카 지방의 일본 전통무용로 유명한 다케하라항이 이곳 출신이다. 1950년대 중반에는 야마토야 기예학교에 소속한 학생 양성 養成이라 불렀다 수가 100명 정도였으며, 야마토야의 게이기는 약 200명 남짓이었다. 난치 전체에는 1천 명이 넘는 게이기가 있었다고 하는데 지금은 난치와 기타신치北新地를 합쳐도 20~30명의 게이기밖에 없다.

도쿄는 1999년, 야나기바시의 유명 료테이 요정 '이나가키'가 폐업하면서 하나마치로서의 야나기바시는 종말을 고했다. 도쿄의 하나마치는 신바시, 아카사카, 요시초, 가구라자카, 아사쿠사, 무코지마, 여섯 곳만 남게 되었다표 1-2. 오사카와 마찬가지로 현재 도쿄의 게이샤는 1920년대 중반에 비해 20분의 1 이상 감소했다. 게이샤 수의 감소에서 알 수 있듯이 도쿄와 오사카의 하나마치는 급속도로 퇴색되고 있다. 아직 일본에는 하나마치가 산재해 있지만 온천도시 아타미 같이 게이샤가 연회에 나가거나 춤 공연을 할 수 있는 관광지역을 제외하고는 매우 어려운 처지이다.

하나마치의 특성을 살려 지역을 활성화하려는 새로운 움직임도 있다. 가구라자카에는 아직도 하나마치의 정취가 고스란히 살아 있

표 1-3 교토 하나마치 게이마이코의 수와 오차야의 수

|  | 게이코 | 마이코 | 오차야 |
|---|---|---|---|
| 기온코부 | 86 | 28 | 74 |
| 미야가와초 | 40 | 27 | 37 |
| 폰토초 | 41 | 10 | 32 |
| 가미시치켄 | 18 | 7 | 10 |
| 기온히가시 | 11 | 5 | 12 |
| 합계 | 196 | 77 | 165 |

교토전통기예진흥재단 조사(2007년 2월 28일 현재)

는 길과 언덕이 있는데 이곳에서는 NPO비영리민간단체 주최로 하나마치를 홍보하기 위해 일반인을 대상으로 하는 이벤트를 열고 있다. 반면 무코지마에는 료테이가 오키야게이마이코가 사는 곳를 겸하는 업소가 늘고 있고 젊은 게이샤 역시 증가하는 경향을 보이고 있다.

오사카, 도쿄와 비교하면 교토 하나마치는 그 명맥을 꾸준히 유지하고 있다. 게이마이코 지원자의 감소비율도 다른 지역에 비해 낮다. 한때 버블경제 붕괴 후 오차야와 오키야의 폐업이 줄을 이뤘고 게이마이코도 많이 감소했지만, 최근 10년 사이 감소폭이 줄어들고 있다. 더욱이 도쿄나 오사카 하나마치가 급격히 쇠퇴하고 있는 상황에서 교토 하나마치의 경우 오히려 마이코의 수가 증가하고 있는 추세다.

교토 하나마치에 데뷔하는 게이마이코의 수는 매년 20~30명 정도다. 하나마치 경험이 전혀 없고, 교토 사투리를 모르는 젊은 여성들이 일본 전국에서 교토 하나마치에 지원하고 있다. 이들은

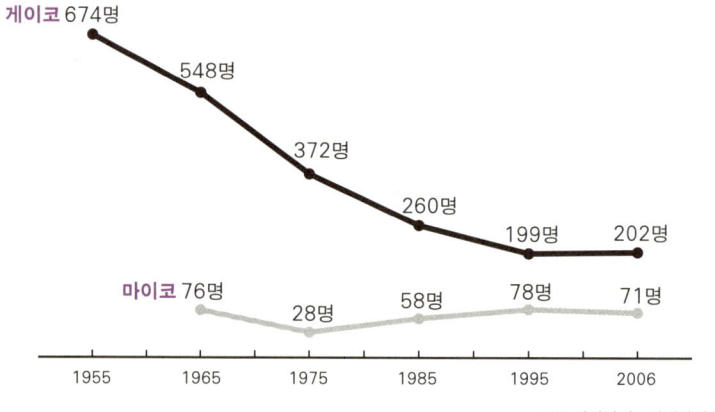

교토 하나마치조합연합회 조사

교토에 와서 약 1년간 수업을 받은 후, 전문직업인인 게이마이코로 일을 시작한다. 이를 통해 교토 하나마치는 지속적으로 게이마이코를 양성하여 하나마치의 전통을 이어가고 있는 것이다.

그렇다면 현재 교토 하나마치 소속의 게이코와 마이코는 모두 몇 명일까? 다이쇼 시대 초기 다섯 개의 하나마치에는 1천 200명 정도의 게이코가 있었다는 기록이 있다. 그러나 지금은 과거에 비해 크게 줄어들었다. 2007년 현재 게이코의 수는 196명, 마이코는 77명, 오차야는 165곳이다표 1-3. 수십 년간 게이마이코의 인원 변동 추이는 표 1-4에 나타나 있다.

최근 10여 년간 게이코는 200명 전후, 마이코는 80명 전후로 보합상태. 게이마이코가 일하는 장소인 오자시키를 총괄하는 오차야의 수가 급격히 감소한 것을 참작하면 향후 게이마이코의 수가 크게 증가하지는 않을 것이다. 다만 최근 5년간 마이코의 수가 증가하는 추세이고 새로운 얼굴들이 많이 등장했다. 인터넷으로 하나마치를 검색해 오차야에 직접 마이코가 되고 싶다고 문의하는 소녀들이 증가하고 있다.

# 춤추는 무희, 마이코

게이마이코는 일본 전통무용은 물론, 샤미센, 태고큰북, 피리 등 전통악기와 나가우타*, 고우타**, 도키와즈*** 같은 전통음악, 다도茶道 등 일본 전통문화를 철저하게 습득한다. 오자시키에서 기예를 펼쳐 고객을 즐겁게 하기 위해 끊임없이 기예를 수련해야 하며, 고객의 마음을 읽고 적절한 서비스를 제공하는 방법도 익혀야 한다. 한마디로 그녀들은 서비스업계의 프로다.

오차야의 경영자 중 남성이 있기는 하지만, 하나마치는 기본적으로 여성들이 이끌어 온 거리다.

### 마이코의 자격

마이코의 자격 요건은 의무교육을 마친 15세에서 20세의 젊은 여성이다. 나이, 성별 이외에 출신지, 기예의 습득 여부, 신장, 체중 등을 마이코의 조건으로 까다롭게 요구하지는 않는다. 안경을

쓴 마이코는 없지만 콘택트렌즈를 착용하는 마이코는 있기 때문에 시력도 문제가 되지 않는다. 키가 큰 마이코를 좋아하는 고객도 있어 키에도 특별한 제약은 없다. 신장 165센티미터 정도의 마이코가 10센티미터 정도의 오코보おこぼ를 신고 일본 전통 머리 모양을 하면 180센티에 가까운 키가 되어 사람의 눈길을 끄는 때도 있다.

오코보. 마이코만이 신는 높이 10센티미터 정도의 오동나무 나막신으로 바닥이 휘어있어 숙달되기까지 걷기가 매우 힘들다.

마이코가 되기 위해서는 일정 기간 수련을 거쳐야 한다. 오키야에서의 수련을 거치면, 교토 하나마치의 정식 마이코가 될 수 있다. 실제로 일본 각지에서 마이코를 희망하는 소녀들이 중학교 졸업 직후 또는 고등학교를 중퇴하고 교토로 모여든다. 대부분이 게임이나 컴퓨터, 휴대폰을 즐기는 10대 소녀들로 기예의 경험이 전혀 없고 오자시키가 무엇인지도 모른다.

마이코 지망생들에게는 마이코가 되겠다는 소망과 의지, 건강한 신체만 있으면 된다. 가장 중요한 것은 본인의 의지와 부모혹은

---

　*나가우타長唄: 에도의 음곡曲曲, 일본 음악의 연주와 노래의 하나. 여러 가지 노래와 샤미센으로 구성한다.
　**고우타小唄: 에도 말기에 시작한 샤미센 음악의 하나. 1곡에 3분 정도로 노래가 짧은 것이 특징이다.
　***도키와즈常磐津: 1747년, 미야코지 모지타유宮古路文字太夫가 유행시킨 음악.

보호자의 양해다. 수련 기간인 넨키年季 중에는 생활비, 수련비, 그리고 고가의 의상비 등 일체의 비용은 오키야에서 전적으로 부담한다. 오키야의 오카상은 한 사람의 마이코를 만들기 위해 수년 동안 남다른 애정과 정성을 기울인다.

마이코는 넨키보코年季奉公, 계약에 의해 일정 기간 수습하며 수련하는 고용살이 중이기 때문에 노동자로 보지 않는다. 그렇기에 18세 미만이어도 오자시키에 동석할 수 있다. 넨키 중에는 마이코에게 별도의 급여는 없고 용돈이 지급된다.

하나마치의 각종 기예 및 전문 서비스를 익힌 마이코는 20세가 되면 게이코로 독립한다. 하나마치에서 계속 일할 것인지 아닌지는 이때 선택할 수 있다.

게이코가 기예의 전문가로 오자시키를 이끄는 프로라고 한다면, 마이코는 견습생 또는 인턴이라 할 수 있다. 그렇다고 마이코를 단순히 오자시키의 꽃으로 봐서는 안 된다. 오자시키에서 춤을 추고 고객과 대화하며 연회의 흥을 돋우는 일도 하기 때문이다.

사실 마이코는 교토만의 독특한 표현이다. 도쿄에서는 게이샤가 되기 전의 어린 소녀를 한교쿠라고 부른다. 게이샤보다 교쿠다이玉代, 도쿄에서 화대를 지칭하는 말가 절반인 것이 이름의 유래다. 교토에서는 오자시키에서 춤을 추는 젊은 여성이라는 의미로 '마이코舞子라고도 표기'라고 하며 화대는 도쿄와 달리 게이코와 같다.

### 마이코의 옷차림

마이코의 옷차림은 기모노에 니진오리의 오비허리띠가 기본이다. 기모노는 후리소데로 입는다. 후리소데振袖는 가장 화려한 기모노로 에도 시대까지는 남녀 모두 입었지만 지금은 미혼여성만 입는다. 에바하오리絵羽羽織, 큼직한 그림 무늬가 그려진 덧옷 모양이며 무늬가 바느질 자리를 따라 연결되어 전체가 한 장의 그림처럼 되어 있는 것이 특징이다. 어깨와 소매에는 누이아게縫い上げ, 몸이 자랄 것을 예상하여 옷의 어깨나 허리의 품을 주름잡아 바느질한 부분_옮긴이가 있는데 누이아게는 한창 성장기인 마이코들의 성장을 대비해서 만든 것이다. 자신의 머리카락지게地毛*을 길러 묶은 교토풍의 전통 머리 모양에 꽃 장식을 많이 하여 귀여움과 앳됨을 강조한다. 5미터 길이의 오비는 뒷모습을 예쁘게 보이려 길게 늘어뜨려 묶는다. 이를 다라리오비라고 한다.

마이코의 옷차림. 의상이나 머리 장식이 화려하다.

---

*마이코의 머리 모양은 자신의 머리카락으로 만들며 머리 모양을 고쳐 묶는 일은 1주일에 1번 정도이고 매일 자신이 손질한다. 나무 상자 위에 천을 얹은 조그만 베개箱枕에 조심해서 자도 처음에는 머리 모양이 헝클어지기 때문에 매일 아침 공들여 손질한다.

마이코의 옷차림에서는 교토의 전통미를 그대로 느낄 수 있다. 메이지 시대 마이코와 오늘날의 마이코를 비교하면, 별다른 차이가 없는데 오키야의 오카상은 그 이유를 다음과 같이 설명한다. "마이코와 게이코의 의상과 머리 모양은 지금 사람들이나 전문가가 보면 화려하고 예쁘지만 어색한 부분이 있을지도 모릅니다. 이러한 모습이 지금까지 큰 변화 없이 내려온 이유는 마이코와 게이코에게 가장 잘 어울리는 옷차림과 머리 모양이기 때문입니다. 귀엽고 예쁜 부분을 강조한 것입니다."

다라리오비. 마이코 특유의 오비 묶는 방법으로 오비의 끝을 무릎 안쪽에 걸릴 정도로 늘어뜨린다.

마이코는 말 그대로 춤추는 무희다. 마이코가 되기 위해서는 가장 먼저 일본 전통무용을 습득해야 하는데 하나마치의 기예훈련학교인 뇨코바女紅場와 개인 교습, 그리고 오키야의 오네상お姉さん. 선배 게이마이코를 후배들은 오네상(언니)이라고 부른다과 오카상에게 철저히 배운다.

마이코는 오자시키에서의 춤 공연이 주된 역할이지만, 일본 전통무용만 마스터해서는 안 된다. 오자시키에서의 기예란 춤, 악기 연주, 노래, 고객 접대를 포함한 것이다. 마이코들은 일본 전통음악을 익히고 악기 연주도 한다. 춤만 뛰어나서는 일류 마이코가 될 수 없다.

　기예를 잘한다고 해서 좋은 마이코로 인정받는 것도 아니다. 마이코는 행동이나 대화 하나하나에서 고객을 깊이 배려할 줄 알아야 한다. 고객 접대의 프로가 되려면 마이코들은 기예뿐만 아니라 격식과 에티켓을 갖추고 고객의 유흥을 책임진다는 투철한 서비스 정신을 갖춰야 한다.

# 오자시키의 프로, 게이코

보통 게이샤라고 하지만, 오자시키에서 고객을 접대하는 직업의 정식 명칭은 게이기芸妓다. 일본의 하나마치에는 게이마이코가 가입하는 게이기조합이 있다. 게이기를 교토 하나마치에서는 게이코라 하고, 도쿄 하나마치에서는 게이샤라 한다. 게이코, 게이샤는 하나마치에서 일하는 서비스 전문직 여성을 일컫는 말로 지역에 따라 다르게 부르지만, 같은 의미다.이 책에는 교토 하나마치를 중심으로 다루고 있어 특별한 때를 제외하고는 '芸妓'라고 적고, '게이코'라고 부른다.

교토의 마이코, 도쿄의 한교쿠는 하나마치의 경험이 적은 소녀들이지만 게이코와 게이샤는 실력이 우수하며, 오자시키를 관리할 줄 아는 여성을 지칭한다. 오자시키에서 게이기는 후배인 마이코들의 상태를 점검하고 고객이 즐거워하는지, 무엇을 원하는지를 재빨리 알아차려 다음 서비스를 결정하는 등 오자시키를 이끌어 나가야 한다. 게이코는 고객 접대의 프로 중의 프로여야 한다. 오차

게이코의 옷차림. 마이코와 달리 수수하고 성숙한 여성 이미지를 강조한다.

야의 오카상이 말하는 게이코와 마이코의 차이는 다음과 같다.

"마이코는 창피하지 않을 정도의 춤이면 되지만 게이코는 아닙니다. 마이코가 출 때와 비교하지 못할 정도로 엄격하게 평가합니다. 게이코는 오자시키에서 주변을 유심히 살피고 다른 오네상이 말하기 전에 재빨리 눈치 채 처리해야 합니다. 게이코는 책임이 막중하고 오자시키의 모든 것을 알아서 해야 합니다."

### 게이코의 옷차림

게이코의 기모노는 소매가 짧다. 오비는 오타이고 お太鼓, 오비의 불

히키즈리 기모노. 일반적인 기모노는 키보다 긴 부분을 걷어 올려 옷자락이 끌리지 않게 입지만 게이마이코는 걷어 올리지 않고 바닥에 끌리게 입는다.

<mark>룩 튀어나온 부분을 등으로 가게 하여 맨 다</mark> 모양으로 묶는다. 교토의 게이코는 오자시키에서는 옷자락이 바닥에 끌리는 히키즈리 기모노를 입는다. 일반적인 기모노는 키보다 긴 부분을 걷어 올려 옷자락이 끌리지 않게 입는 반면, 게이마이코는 걷어 올리지 않고 바닥에 끌리게 입는다.

머리에는 일본 전통 머리 모양의 가발을 쓴다. 마이코와 비교하면 기모노와 오비도 수수하고 머리에 꽂는 장식도 적다. 즉 게이코의 모습은 깨끗하고 단정한 여성의 소박미를 표현한다.

메이지와 다이쇼 때의 사진을 보면, 게이코의 머리 모양도 마이코와 같이 자신의 머리카락을 길러서 묶어 올렸다. 지금의 게이코는 특별한 행사 외에는 자신의 머리카락으로 머리 모양을 만드는 일은 없다. 긴 시간 동안 자신의 머리카락으로 만든 머리 모양을 유지하고 있으려면 두피에 부담이 되고 또 때때로 당겨진 두피 일부에서 머리숱이 빠지기도 한다. 이러한 부작용을 방지하고 실용성을 고려해 50년 전부터 게이코만 가발을 쓰기 시작했다. 게이코들의 가발 사용은 서서히 모든 하나마치로 퍼져 나가 정착하기에 이르렀다.

### 지마에 게이코

마이코에서 게이코가 되는 시기는 대개 스무 살 무렵이다. 15세 무렵 오키야에 입주하고 약 5년간의 마이코 생활을 마치면 정식 게이코가 된다.

게이코는 22~23세가 되면 오키야에서 독립한다. 오키야에서 독립한 게이코를 '지마에自前 게이코'라 부른다. 과거에는 스폰서인 '단나상'旦那さん, 게이마이코에게 경제적으로 도움을 주고 기예의 발전을 지원하는 남성을 만나 지마에가 되는 게이코가 많았지만, 지금은 그러한 게이코는 거의 없다.

지마에 게이코가 되어 혼자서 생활하려면 거처를 정하고 임대계약을 체결해야 한다. 가전제품이나 생활용품을 사는 것 등 경험 없는 일의 연속이다. 지출해야 할 비용도 만만치 않다. 마이코 때는 기모노와 오비를 오키야에서 제공했지만, 지마에가 되면 전부 스스로 준비해야 한다. 게이코가 사용하는 히키즈리 기모노와 오비는 주문 생산 제품이다. 명품에 필적하는 제품이어서 상당히 고가다. 기모노점에서 돈을 빌려 다달이 갚아가며, 기모노와 오비를 준비하는 게이코가 많다.

### 표 1-5 게이코와 마이코의 구별법

게이코와 마이코를 구별하는 포인트는 크게 나눠 3가지다.

첫째, 머리 모양. 게이코는 가발이지만 마이코는 자신의 머리카락으로 머리 모양을 만들고 계절에 맞춘 머리 장식을 한다.

둘째, 기모노와 오비. 마이코는 어깨에 꿰맨 선이 있고 뒷모습은 마이코의 대명사라 불리는 다라리오비다.

마지막으로 신발, 게이코는 게타를 신는다. 마이코는 높이 10센티미터 정도의 '오코보'를 신고 있어 알기 쉽다.

기예를 익히는 비용과 춤 공연 입장권도 사야 한다. 사람들을 만나는 비용 등 지출이 상당하다. 지마에 게이코가 되려면 자신의 생활을 책임질 수 있어야 한다.

| 인사이드 하나마치 |
### 기예는 팔아도 몸은 팔지 않는다

일본뿐만 아니라 세계적으로도 게이마이코가 '미즈아게水揚げ'로 매도되어 알려진 것은 사실 매우 안타깝다. 게이마이코가 첫날밤 단나상 일종의 스폰서을 맞이하는 의식인 미즈아게는 지금은 전혀 행해지지 않고 있다. 이 말이 풍기는 은밀한 이미지와 현재의 하나마치와는 거리가 있다.

기예를 파는 게이코와 몸을 파는 쇼기娼妓는 엄연히 다르다. 과거 일본의 '공창제도'에는 몸을 파는 창기인 쇼기가 있었다. 매춘방지법이 실시된 1955년 이전에는 대다수의 하나마치에 게이기와 쇼기가 있었다. 당시 경찰에서는 각 하나마치의 게이기와 쇼기를 별도로 집계했다고 한다. 이는 곧 게이기와 쇼기를 각기 다른 직업으로 인식했었음을 보여준다.

공창제도가 폐지된 오늘날에도 당시의 잔재를 나타내는 말이 하나마치에 남아 있다. 게이기와 마이코는 긴 옷자락을 늘어뜨린 기모노를 입기 때문에 외출할 때는 옷자락을 집어 올리지 않으면 걸을 수가 없다. 게이마이코는 반드시 왼손으로 쓰마 기모노의 옷자락의 좌우 끝 부분_옮긴이를 잡는다. 이를 '히다리즈마'라고 한다. '히다리즈마를 잡는다'라는 말은 '게이기가 된다'라는 의미다. 반대로 쇼기娼妓는 오른손으로 쓰마를 잡는다.

기모노는 오른쪽으로 열린다. 오른손으로 쓰마를 잡으면 남자의 손이 들어가기 쉽다. 게다가 속옷도 오른쪽으로 열린다. 게이마이코같이 쓰마를 왼손으로 잡으면, 기모노와 속옷으로 남자의 손이 들어가기 어렵다. 게이마이코의 히다리즈마는 '기예'는 팔아도 '몸'은 팔지 않는다는 마음을 표현한 행동이다. 지금의 하나마치에는 몸을 파는 창기는 없다.

# 이벤트 기획사, 오차야

오차야는 연회석인 오자시키를 코디네이트하고 고객 접대 및 음식 등을 판매하는 풍속업종이다. 오차야는 본래 야사카 신사인 기타노샤 참배객을 위한 찻집에서 시작되었다. 그래서 오차야를 영어표기로는 'tea house'라고 한다. 회원제 서비스로만 운영되는 오차야는 고객이 게이마이코의 기예와 대화, 음식을 즐기는 장소다. 그렇다보니 'guest house'라는 표현이 더 적당할 듯싶다.

오차야의 일은 이벤트 기획사와 비슷하다. 오차야의 오카상은 이벤트 코디네이터나 프로듀서와 같다. 오카상은 고객의 취향과 연회 목적에 맞추어 게이마이코와 요리를 준비하며, 오자시키를 장식한다. 고객이 부탁하면 요릿집이나 2차 연회 장소를 소개한다. 선물이나 숙박 문제도 알아서 처리한다. 이때 들어간 모든 비용은 전부 오차야의 오카상이 고객 대신 결제한다. 그리고 훗날 오자시키를 이용한 대금과 오차야의 소개로 고객이 이용한 다른 곳의 2차 연회 비용, 숙박비 등을 한꺼번에 고객에게 청구한다.

### 오차야의 영업

오차야 허가증. 오차야는 사업 조건이 까다로워 개업이 쉽지 않다.

오차야의 업무는 오자시키, 호텔, 요릿집 등의 연회석에 그치지 않는다. 교토물산전이나 관광 관련 행사에 게이마이코를 보낸다. 그림과 사진 모델로 게이마이코를 소개하는 등 오차야의 오카상은 고객의 요구에 유연하게 대응한다. 최근에는 수학여행 온 학생들의 숙소에도 게이마이코를 파견한다. 게이마이코의 옷차림을 설명하고 춤을 시연한 뒤 학생들과 기념촬영을 하는 이벤트를 기획하는 곳도 늘고 있다.

오차야 중에는 바bar를 설치한 '오차야 바'가 있다. 이곳은 고객이 부담없는 가격으로 가볍게 오차야를 이용할 수 있어 하나마치에 널리 보급되고 있다. 오차야 소속이라 바의 운영도 회원제다. 단골손님은 오차야의 오카상을 만나서 이야기를 나누고 가볍게 쉬어갈 수 있는 공간으로 이용한다. 가라오케 설비를 구비한 오차야 바도 있을 정도로 고객의 요구에 맞춘 영업을 한다.

오차야의 방. 오차야에는 연회장소인 오자시키가 있다.

### 오차야의 방

오차야의 구조는 폭이 좁고 복도가 긴 교토 전통가옥의 모습이다. 격자형 문을 지나면 현관이 나오고 현관에서는 오자시키가 있는 2층으로 올라가는 계단이 보인다. 고객은 바로 2층으로 안내된다. 2층은 춤추는 방을 마주 보는 오자시키가 2~3개 있는 구조다.

2층은 고객 접대 공간인 반면 1층은 개인적인 공간이다. 현관 사이 방은 부엌이라고 부르지만, 교토 전통가옥 구조에서는 사무실 겸 거실이다. 다음 방은 오카상의 방이다. 이곳을 지나면 안뜰이 있다. 안뜰을 둘러싼 곳에 세면장과 화장실이 있다. 안뜰 다음에

'하나레離れ'라는 오자시키가 있는 경우도 간혹 있다.

### 오자시키의 전문성

오차야는 하나마치와 고객을 연결하는 장소다. 오차야는 몇 개의 오자시키를 운영하며 고객의 요구에 따라 게이코와 마이코, 술, 요리 등 유흥에 필요한 모든 것을 준비한다. 오차야의 경영자인 오카상은 자신만의 독특한 서비스를 제공하려고 고심한다. 실내 인테리어에 자신만의 센스를 발휘하고 요릿집과 게이마이코의 수준을 파악하여 고객이 100퍼센트 만족할 수 있는 서비스를 제공하기 위해 최선을 다한다. 또한 오자시키에서 고객의 만족도를 체크하고 고객의 방문 횟수를 세심히 관찰한다. 고객만족도를 조사하여 자신의 오차야만의 특화된 고객 접대 방법을 개발한다.

오차야는 사업 조건이 까다롭다. 아무나 손쉽게 개업할 수 없다. 우선 무엇보다도 하나마치의 관습에 정통해야 한다. 하나마치 내의 적당한 장소와 오차야가 들어설 건물도 필요하다. 처음 오는 손님은 거절하는 운영 시스템으로 인해 개업 전에 손님을 미리 확보해야 한다. 고객 대신 결제할 수 있는 자금도 필요하다. 하나마치의 게이마이코들과 지속적으로 친분을 유지해야 하고 그녀들의 기량을 한눈에 파악할 수 있는 안목도 있어야 한다. 요릿집과도 잘 연계되어 있어 고객이 무리한 요리를 주문해도 제공할 수 있어야 한다. 이러한 몇 가지 조건이 선행되어야만 오차야의 운영이 가능하다. 오차야 오카상의 업무는 이렇듯 복잡하고 고도의 전문성이 요구된다.

## 예능 프로덕션, 오키야

오키야置屋는 일본 전국에서 사용하는 일반적인 호칭이다. 교토 하나마치에서는 오키야를 야카타屋形 또는 고카타야子方屋라고 부르기도 한다. 하나마치의 오키야는 기예와 고객 접대법을 가르치고, 마이코와 게이코를 오차야로 보내는 예능 프로덕션 같은 곳이다.

게이마이코는 오키야에 소속된 탤런트 같은 존재다. 오카상은 그녀의 집인 오키야에서 시코미와 마이코, 수련 기간이 끝나지 않은 게이코와 같이 생활한다. 지마에가 되기 전의 게이코와도 함께 생활한다. 오키야 오카상은 이들에게 기예와 고객 접대, 교토 사투리를 가르치며 젓가락 사용법 등 일상생활의 매너도 교육한다.

수십 년 전만 해도 어려운 가정형편으로 인해 오키야에 들어오는 여성들이 많았다. 가불 형식으로 지금의 몇백만 엔에 해당하는 금액을 부모에게 주면 딸이 일하면서 갚았다. 빌린 돈을 전부 갚을 때까지, 오키야에 몸을 의탁하고 일하는 기간을 '넨키'라고 했다.

오늘날에는 마이코의 수련 기간을 넨키라고 부른다. 한때는 '인신매매'라고 불린 적도 있지만, 노예 취급을 당하지는 않았다. 지금은 모두 게이코와 마이코의 세계를 동경하여 자신의 의지로 오키야의 문을 직접 두드린다.

2000년대의 게이마이코 지원자 대부분은 텔레비전이나 수학여행에서 마이코를 보고 매료되어 교토 하나마치로 온다. 때로는 부모의 반대를 무릅쓰고 자원한 소녀들도 있다. 게이마이코 지원자와 오키야의 오카상이 면접할 때 부모를 동반하는 것이 바람직하다는 의견도 있다. 미성년자인 경우는 당연히 보호자의 동의가 필요하기도 하지만 그렇지 않더라도 하나마치의 구조를 보호자에게 설명하고 이해를 얻고 나서 오키야의 생활을 시작하는 것이 좋기 때문이다. 이는 중도에 포기하는 불상사를 방지하는 매우 중요한 과정이기도 하다.

최근에는 홈페이지를 통해 하나마치로 찾아오는 소녀들이 증가했다. 이들은 최저 10번 이상 이메일 상담을 한 뒤 본인의 적성을 어느 정도 파악하고 지원한다. 인터넷을 통한 지원자는 결정이 신속하고 편리하게 이루어지는 만큼 쉽게 그만둔다는 단점도 있다. 마이코 지원자를 봄 방학이나 여름 방학을 이용해 1주일 정도 오키야에 데리고 있는 경우도 있다. 마이코의 생활을 실제로 체험하면서 지원자가 엄격한 수련을 감당할 수 있을지를 확인하는 기간이기도 하다.

게이마이코가 되는 일은 지원자에게 일생일대의 결정이지만 오키야의 오카상에게도 매우 중요하다. 양성 기간이 매우 길고 막대한 경비가 요구되기 때문이다. 그렇기에 적합한 지원자를 선발하는 일이 경영상 매우 중요하다.

면접을 통과한 마이코 지원자가 중학생이나 그보다 어릴 경우는 중학교 졸업 후 오키야에 입소시킨다. 지원자는 최소한의 물건만 챙겨 오키야로 들어오면 된다. 들어간 날부터 견습 마이코가 될 때까지를 '시코미仕込み, 교육생'라고 부른다. 시코미 생활을 시작하고 처음 6개월은 고향집 방문을 허락하지 않는 오카상도 있다. 입소 전까지 자유분방하게 지내던 소녀들이 집단생활을 견디지 못해 집에 가서 돌아오지 않는 경우가 많기 때문이다. 하나마치의 생활 방식에 익숙해지면 고향 방문을 허용한다는 방침이다. 시코미 기간은 약 1년이다. 그동안 오키야의 오카상은 마이코가 기본적으로 익혀야 하는 기예와 하나마치의 관습, 교토 사투리와 행동규범을 가르친다.

오차야는 조합이 있지만 오키야는 조합이 없다. 오키야는 게이마이코의 배움터이기 때문이다. 오키야의 오카상은 반드시 마이코와 게이코 경험자여야 한다. 게이마이코의 옷차림과 하나마치의 관습은 경험이 없으면 정확히 가르칠 수 없고 또 오자시키 미경험자가 오자시키에서의 행동 등 필요한 요소를 가르치기는 불가능하기 때문이다. 가령 오자시키에서 오비가 펄럭이지 않게 한 손으로 누르고 움직이는 요령을 미경험자가 상세하게 전수해줄 수는 없다. 화장법도 마찬가지다. 오키야의 오카상도 오차야의 오카상과 같이 전문성이 있어야 한다. 다른 업계에서 진입하기란 사실상 불가능하다.

### 유사가족관계

하나마치의 여성들은 강한 유사가족관계로 맺어진다 표 1-6. 오키야의 오카상이 지원자를 '자기 사람'으로 받아들이지 않으면, 게이마이코가 될 수 없다. 마이코로 데뷔하려면, 자신을 돌보아줄 선배 게이코오네상와 술잔을 교환하는 의식을 치르고 자매관계를 맺어야 한다. 마이코의 이름은 오네상인 언니의 이름에서 한 글자를 따서 짓는다. 그 언니의 언니에게는 막내가 되는 가족구조다. 게이마이코로 데뷔할 때 술잔을 교환하는 자매의식을 치른 오네상술잔 언니이 가장 영향력이 크다. 술잔 언니는 같은 오키야 소속이 아닐 수도 있다. 오키야에서 술잔 언니가 될 만한 오네상이 없을 때 다른 오키야의 선배 게이마이코와 자매관계를 맺는다. 소속된 오키야의 오카상은 게이마이코 지원자가 오키야에 들어가는 시점부터 모녀관계를 맺는다. 유사모녀관계와 유사자매관계를 맺으면서 초보 마이코는 하나마치의 일원이 된다.

거의 같은 시기에 데뷔한 마이코들은 수평적인 연결고리를 가지

표 1-6 하나마치의 유사자매관계

오키야가 오차야를 겸하는 일도 있음.

고 있다. 하지만, 자신보다 하루라도 일찍 게이마이코가 된 사람은 오네상이라 불러야 한다. 데뷔 순으로 모든 게이마이코가 유사자매관계를 맺는다. 마이코가 모여 사진을 찍을 때는 별다른 지시가 없어도 반드시 데뷔 순으로 선다. 오자시키에서 여러 명의 게이마이코가 동석할 때도 게이코, 마이코를 따지지 않고, 데뷔가 빠른 게이마이코가 오자시키의 리더가 되어 모든 것을 진행한다. 하나마치 소속의 게이마이코 전원이 유사자매관계를 명확히 인식하고 따른다.

하나마치는 스지筋라고 불리는 큰 가계家系로 이루어져 있다. 게이마이코 전원을 묶는 자매관계와, 오키야와 오차야의 오카상까지 포함하면 대가족이 된다. 마이코로 데뷔하기 전에 수습으로 받아들이는 오차야를 견습 오차야라고 한다. 견습 오차야의 오카상과 견습 마이코는 모녀관계에 가까운 연을 맺는다. 유사모녀관계를 통해 하나마치에는 같은 오차야에서 수습한 마이코들을 자매로 연결한다.

초보 마이코는 단골손님이 없어 오자시키에서 자주 부르지 않는다. 자매관계를 정식으로 맺은 오네상과 견습 오차야의 오카상, 스지 오네상이 오자시키에 들어갈 수 있도록 도와준다. 오자시키에서 초보 마이코가 실수했을 때 가장 가까운 오네상이 주변 사람들에게 일일이 사죄한다. 초보 마이코를 이끌고 보호해주는 것이다. 교토 하나마치는 유사가족관계로 묶인 여성들이 서로 긴밀하게 돕고 지원하는 가족시스템이다. 오차야와 오키야의 이름을 따 '○○군단'이라 부르는 고객도 있다.

| 인사이드 하나마치 |
## 단나상은 어떤 사람입니까?

하나마치를 연구하는 필자에게 "단나상ㅂ那さん은 어떤 사람입니까?"라고 흥미진진하게 묻는 사람이 많다. 단나상은 하나마치 고객 전부를 가리키는 말이 아니다. 게이마이코를 경제적으로 지원하고 그녀들의 기예 발전을 위해 돕는 남자를 말한다. 게이마이코에게 처음 단나가 생기는 일을 '미즈아게'라고 한다. 미즈아게 전문 단나상을 '미즈아게 단나'라고 한다. 하지만, 최근에는 '미즈아게 단나'라는 제도는 사라졌다. 지금의 게이마이코는 금전적인 문제로 들어온 게 아니라 직업으로 선택한다. 금전적 부담을 덜려고 미즈아게를 하는 일은 없다.

오차야 오카상이 말하는 단나상의 조건은 세 가지다. 먼저 고객이 특정 게이마이코의 기예 수련을 지원하는 스폰서 역할을 하고 싶을 때다. 이 역할을 하려면 충분한 재력이 필수다. 두 번째 조건은 게이마이코도 단나상이 되고자 하는 고객에게 호감이 있어야 한다. 미즈아게는 기본적으로 남녀 사이의 정情이다. 돈만을 생각하면 좋은 관계를 맺을 수 없다. 세 번째 조건은 오카상의 역할이다. 고객을 최일선에서 맞아들이는 오차야 오카상은 단나가 되기를 희망하는 손님을 잘 알고 있다. 좋은 고객이 아니면 중매하지 않는다.

남녀관계는 예민하다. 이러한 조건을 만족한다고 해서 바로 단나상이 되는 것이 아니다. 위의 세 가지 조건은 가장 기본적인 조건일 뿐이다. 단나상이 되는 것은 오차야를 매개로 한 게이마이코와 고객 사이의 계약과 유사한 행위이다. 게이마이코의 기예를 향상하는 데 도움을 주는 것이 최우선이다. 다만 단나상은 금전적인 면이 강조되는 경향이 있다. 그러나 스폰서를 자청하는 가장 큰 이유는 아끼는 게이마이코의 기예가 향상되고 있음을 곁에서 지켜본다는 즐거움이다. 그렇기에 미즈아게는 고객에게 인재 양성에 투자한다는 자긍심을 부여하는 제도다. 그럼 오늘날에도 과연 단나상이 존재할까? "하나마치 내부의 일은 일체 외부에 발설해서는 안 된다"는 답변이 돌아왔다.

# 2장
## 서비스업계의 프로, 게이마이코의 커리어

하나마치는 일하면서 배우는 시스템이다. 게이마이코는 오자시키에서 'OJT'를, 뇨코바에서 'Off-JT'를 한다. 양쪽의 전문성을 살려 배우고 기예를 향상시킨다. 뇨코바를 통해 배우고, 배운 것을 오자시키에서 실습한다. 배운 것을 실습하고 고쳐나가는 '교육 사이클'인 셈이다. 일종의 산학 연계 맞춤형 인력양성인 것이다. 이러한 교육 사이클을 통해 1년이라는 짧은 기간 동안 집중교육을 받은 게이마이코들은 곧바로 오자시키 현장에 투입될 수 있다.

## 엄격한 승격제도

오늘날 마이코와 게이코는 교토 출신이 아닌 경우가 많다. 게이마이코가 되기 전에는 일본 전통무용이나 전통음악에 대해 무관심했던 여성들이 어떻게 아무 연고 없는 교토 하나마치의 일원이 되었을까.

과거에는 마이코가 되고 싶은 소녀들이 보호자나 지인을 통해 일본 전통무용이나 전통음악 선생 등 하나마치와 관련 있는 사람을 찾았다. 하지만 정보화 시대인 요즘은 상황이 많이 달라졌다. 전 세계 어디에서 누구라도 인터넷을 통해 마이코나 하나마치에 관한 정보를 얻을 수 있다. 지금의 마이코 지원자들은 하나마치를 찾는 주요 수단으로 홈페이지를 활용한다. 하나마치 홈페이지에는 마이코 지원자를 대상으로 한 Q&A 코너가 있어 하나마치의 역사와 게이마이코에 대해 상세하게 설명한다. 홈페이지를 통해 '마이코 모집' 공지도 하니 인터넷이 마이코 모집의 견인차 구실을 하는 셈이다.

하나마치로 들어오는 방법은 시대에 따라 변화했지만 마이코가 되기 위한 수련 기간과 교육 내용에는 별다른 변화가 없다. 부모의 곁을 떠나 수련 기간인 넨키 동안 열심히 노력하지 않으면 마이코가 되기는 불가능하다. 마이코가 되고 난 후에도 수련은 계속된다. 마이코의 아름답고 화려한 모습 이면에는 강도 높은 수련을 견뎌내는 의젓함도 있다.

### 게이마이코의 승격 시스템

게이마이코의 승격 시스템은 나이와 수련 기간에 따라 명확히 정해져 있다. 중학교 졸업 후 바로 하나마치에 들어온 게이마이코의 예를 들어보자.

중학교를 졸업하면 15세. 약 1년간의 시코미를 거쳐 마이코로 데뷔할 즈음에는 15세 후반이나 16세가 된다. 그 후 대략 4~5년간 20세 정도까지 마이코 생활을 한다. 보통 20세가 되면 마이코에서 게이코로 승격하는데 그렇다고 반드시 20세에 마이코를 그만두어야 하는 것은 아니다. 동안의 외모라면 마이코가 잘 어울리기 때문에 21세나 22세까지 마이코 생활을 할 수도 있다. 마이코가 소속한 오키야의 경영전략에 따라 마이코 졸업 시기는 어느 정도 유동적이다. 25세가 지났지만 마이코의 귀여움과 게이코의 여성미를 강조하는 성인 마이코도 있다.

  수년 간의 넨키가 지나면 지마에 게이코가 되어 오키야에서 독립한다. 지마에 게이코가 된 다음에는 하나마치에서 게이코로 일을 계속할지 여부를 선택할 수 있고 원하는 시기에 자유롭게 은퇴할 수 있다. 게이코의 정년은 없으며 환갑이 넘은 나이에도 현역으로 활발하게 활동하는 게이코도 있다. 지마에 게이코는 나이에 상관없이 기예만 뛰어나면 일선에서 뛸 수 있기 때문이다.

  마이코가 되기까지와 그 이후의 흐름을 간단하게 정리하면 8가지 단계로 나눌 수 있다. 어디서, 무엇을 하고, 어떤 옷차림을 하는지 특징을 짚어보자.

### 시코미

  시코미는 마이코로 데뷔하기 전, 약 1년간의 수련 기간 동안 부르는 말이다. 시코미로 입주가 결정되면 중학교 졸업 후 오키야에서 생활을 시작한다. 이 기간 동안 마이코의 기본 수련인 일본 전통무용은 물론이고, 하나마치 관습을 익히며 교토 사투리를 배운다. 시코미일 때는 화장을 하지 않고 평상복을 입고 지낸다.

### 미나라이見習い

마이코로 데뷔하는 날이 정해지면 매일 미나라이차야見習い茶屋, 미나라이(견습 마이코)를 받아들여 연수시키는 오차야에 가서 오자시키를 참관한다. 실제 연수 기간은 약 1개월이다. 이 기간에는 미나라이라고 부른다. 자신의 머리카락으로 일본 전통 머리 모양을 만들고 마이코와 거의 같은 기모노를 입는다. 오비는 반 다라리이다. 마이코의 다라리오비와 비교하여 늘어뜨린 길이가 반 정도여서 한눈에 미나라이라는 것을 알 수 있다.

### 미세다시見世出し~1년

마이코로 데뷔하는 날을 '미세다시'라고 한다. 데뷔한 날부터 3일간은 무늬 있는 검은색 기모노를 입고 거북이 등껍질 장식을 머리에 꽂는다. 목덜미에는 3개의 긴 삼각기둥을 그리는 화장을 한다. 미세다시 이후에는 얼굴까지 내려오는 꽃 장식을 머리에 꽂는다. 폰토초 이외의 하나마치에서는 아랫입술만 빨갛게 칠한다. 초보 마이코는 한눈에 바로 알아볼 수 있어 주목을 받는다.

### 마이코 1년차

마이코로서 교토의 사계절을 지내고 어느 정도 익숙해진 시기다. 위아래 입술을 빨갛게 칠한다. 얼굴 옆으로 늘어뜨린 꽃 장식을 머리에 꽂지 않아 언니 마이코 모습이 된다. 오자시키에서는 초보라는 이미지가 사라진다. 잔심부름만 하는 것은 아니어서, 때에 따라 고객과 대화를 나누기도 한다.

미세다시 이후의 마이코.

### 마이코 2~3년차

머리 모양이 와레시노부割れしのぶ에서 오후쿠おふく로 바뀐다. 와레시노부는 어린 마이코가 독특한 머리 장식을 많이 사용한, 화려하고 귀여운 머리 모양이며, 오후쿠는 중견에서 고참 마이코가 머리를 묶어 마게髷, 일본식 상투를 둥글게 만든 머리 모양이다. 와레시노부에 비해 머리 장식이 적어 원숙한 인상을 풍긴다. 다소 어른 분위기가 나는 일본 전통 머리 모양을 하고, 작은 꽃 장식을 사용

게이코.

한다. 항에리半襟, 옷깃 위에 걸쳐 꿰맨 장식용 옷깃. 땀과 먼지로 옷깃이 더러워지는 것을 방지하고 옷깃의 아름다움을 연출한다의 적색 부분이 적어지고 언니 마이코로서 인정받는 시기가 오면 가슴의 오비아게帶揚げ, 오비(허리띠) 묶음을 완성시키는 보조 천의 총칭를 묶어 오비와 기모노 사이에 넣는다. 오코보 굽 높은 나막신의 발가락 끼는 줄 부분도 빨강에서 연한 하늘색으로 바뀌어 어른스러워진다. 2~3년차면 마이코로서는 중견에서 고참급이다. 후배를 돌보며 주변 사람들도 신경을 써야 한다.

### 에리가에

마이코 4~5년 차인 20세 전후에 게이코가 된다. 마이코에서 게이코가 되는 것을 에리가에衿替え라고 한다. 게이코가 되면 가발을 사용한다. 기모노도 마이코 때의 후리소데振袖, 소맷자락이 긴 소매에서 짧은 소매인 다모토袂로 바뀐다. 오비는 등 쪽이 불룩하게 나오는 오타이고お太鼓 묶음을 한다. 신발은 오코보를 신지 않고 조리草履,

발가락 끼는 끈을 단 일본식 짚신나 게타下駄, 발가락 끼는 일본식 나막신를 신는다. 외관의 변화만이 아니다. 오자시키의 인원 구성을 맡는 등 본격적으로 오자시키를 준비해야 하고 그만큼 책임도 무거워진다.

### 지마에 게이코

통상 5~6년 정도의 넨키 기간이 끝나면 지마에自前가 된다. 오키야 입주 생활을 끝내고 홀로서기를 시작하는데 자신의 화대로 생활을 꾸려나가야 한다. 게이코도 젊을 때에는 마이코와 같이 다치카타立方, 일본 전통무용 전문가 많지만, 나이가 들면서 다치카타와 지카타地方, 샤미센과 노래 담당 어느 쪽을 전문으로 할지를 결정한다. 마이코 때보다 전문적이고 기예의 깊이를 더해야 한다.

지마에 게이코가 된 이후 게이코에만 전념하여 전문직의 길을 걷는 사람도 있지만, 게이코와 오차야 운영을 겸업하는 예도 있다. 게이코로 일하면서 오차야나 오키야를 겸업하여 하나마치 후계자를 양성하는 일도 한다. 하나마치라는 조직에서 자신이 무엇을 가장 잘할 수 있고 능력을 발휘할 수 있는지 충분히 생각하며 커리어를 쌓아가야 한다.

### 폐업 후의 커리어

지마에 게이코는 자기 마음대로 폐업할 수 있다. 폐업 후 하나마치의 후계자를 양성하는 오키야의 오카상이나 오차야의 오카상이 되는 등 하나마치의 경영자로 변신하는 때가 많다. 결혼과 동시에 일선에서 은퇴하는 사람도 있지만, 폐업해도 미혼이라면 하나마치로 돌아와 게이코 복귀가 가능하다.

### 커리어의 고비

커리어 승격 중, 가장 큰 고비는 마이코에서 게이코가 될 때다. 마이코가 15세에 하나마치로 들어온다고 하면, 넨키가 끝나는 20세가 지나면서 게이코가 된다. 하나마치에서 일을 계속할 의사가 없으면, 게이코를 포기하고 하나마치를 떠난다. '마이코가 되고 싶다'라는 꿈을 실현했기 때문에 다른 인생을 살고 싶어 하는 사람도 많다. 마이코를 그만두고 고향으로 돌아가 취직하거나 대학에 진학하는 등 평범한 인생을 택하는 사람도 있다. 마이코를 그만두고 결혼하는 사람도 있다. 드물지만 마이코를 그만두고 시마바라의 다유太夫●가 된 사람도 있다.

마이코 시절에는 오키야에서 전적으로 돌봐준다. 생활비, 교육비, 기모노 대금, 교제비용 등 경제적 지원도 아끼지 않는다. 그러나 지마에가 되면 자신의 모든 것을 혼자서 감당해야 한다. 게이코가 되려면 자신이 직접 기모노와 오비를 준비해야 하기 때문에 어느 정도 자금이 필요하다. 자금 부담과 생활의 어려움을 고려해 지마에가 될 엄두를 내지 못하는 경우도 있다. 그렇기에 게이코를 전문 직업으로 선택할 것인지 냉철한 판단이 필요하다. 오네상과 오카상의 어드바이스나 손님의 지원이 있지만, 스스로 책임지는 것이 원칙이다.

게이코나 마이코를 그만두는 일, 즉 폐업에는 몇 가지 관행이 있다. 히키이와이引き祝い라는 퇴직 선물을 하나마치 관계자들에게 돌리고 하나마치와 자신과의 관계를 명확히 한다. 하얀 찹쌀밥은 지금부터 하나마치 이외의 세계로 떠나고 다시 돌아오지 않는다는 의미다. 하얀 찹쌀밥에 붉은색 잡곡이 조금 들어가면 혹시 하나마치로 돌아와 다시 신세를 질지도 모르겠다는 뜻이다. 최근에는 손수건이나 설탕 등을 돌리는 일이 많아졌다고 한다. 하지만 하나마치에서 신세 진 사람들에게 확실히 인사를 하고 이 거리를 떠나는 것은 변함이 없다.

---

*다유: 관허官許에 의해 주연에서 고객을 접대하는 여성의 최고 지위. 모든 예기에 뛰어나야 한다.

## 기예 연마를 위한 시스템,
### TWCA 시도하고 보고 점검하고 물어본다

"기예에는 완성이란 단어가 없다. 기예는 끝이 없는 길이다."

기예는 게이마이코의 첫번째 자격이다. 기예의 완성을 향한 게이마이코의 정진은 끝이 없다. 이렇게 어려운 기예를 시코미와 마이코들이 어떻게 익힐까.

게이마이코 경험이 많은 오키야 오카상은 하나마치에 새롭게 들어온 소녀들에게 기예와 예절, 인간관계를 가르친다. 하나마치는 사람과 사람이 긴밀히 연결되어 있는 곳이다. 따라서 끈끈한 인간관계를 기반으로 기예를 연마하는 것이 오키야의 교육 구조다. 그러나 현재 마이코를 지원하는 소녀들은 단순히 마이코가 되고 싶다는 꿈 하나로 자발적으로 찾아온 경우가 많다. 게다가 개인주의 시대 개성이 강한 10대 소녀들은 "스스로 결정하고 실행하는 자기 판단력이 필요하다"라는 말을 들으며 컸기 때문에 하나마치에 적응하지 못하는 경우도 있다. 거부반응이 일어나는 것이다. 그래서

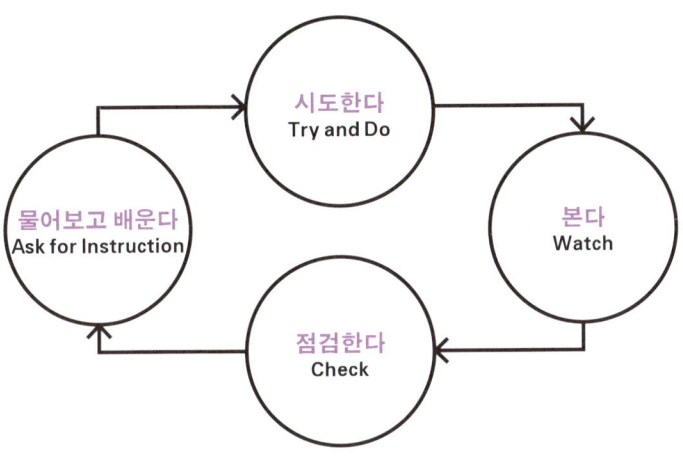

표 2-1 T(D)WCA 사이클

오카상은 "하나마치는 운명공동체 같은 곳이야. 여기서는 서로 돕고 마음이 통하는 관계가 중요해. 인간관계를 바탕으로 노력해야 해"라고 항상 타이른다.

마이코 지원자들은 거의 백지상태에서 들어오기 때문에 기초부터 가르쳐야 한다. 게이마이코의 기예 공연은 군무로 진행된다. 오자시키에 동석한 게이마이코 전원이 혼연일체가 되어 공연해야 빛이 난다. 서로 협력하는 마음을 배우는 것도 포인트다. 오자시키에서는 언니 게이코의 눈빛에 따라 움직여야 하기에 긴밀한 연대 플레이가 필수적이다.

신인들은 기예 선생님들과도 좋은 관계를 유지해야 한다. 전문 기예학교에서 배우거나 개별적으로 개인 레슨을 받을 수는 있지만, 그것만으로 기예를 자신의 것으로 만들지는 못한다. 기예 수련과 오자시키 접대, 일상 매너에서도 단순히 배운 그대로 해서는 안 된다. 언니 게이코를 보고 느끼며, 자기상태를 점검하여 모르는 것은 물어보고 상세히 배운다. 평상시에도 언제, 어디서, 누구에게 가르침을 받을 것인가를 늘 생각해야 한다. 배우고 반복하면, 조금씩 행동과 기예가 자신의 것이 된다. 항상 이 사이클을 되풀이하는 것이 중요하다 표 2-1.

### 마이코의 아이덴티티

게이마이코가 되기 위한 수련은 상상 이상으로 혹독하다. 미세다시 데뷔 후에도 끊임없이 노력하지 않으면 커리어를 형성할 수 없을 정도로 힘들다. 엄격한 수련 이야기를 들으면 일단 많은 지원자들이 포기한다. 시코미 도중에 그만두는 지원자도 적지 않다. 겨우 마이코로 데뷔했지만, 남은 넨키를 감당하지 못하고 포기하는 경우도 있다.

넨키 중 오키야의 오카상은 마이코에게 애정과 비용을 투자한다. 넨키 중에 지원자가 그만두면 오키야의 오카상에게는 타격이 클 수밖에 없다. 마이코의 자유의사까지 속박할 수 없기 때문에 본인이 자발적으로 그만두겠다고 하면 어쩔 수가 없다. 따라서 마이코로서 자부심을 가지고 노력하는 사람이 필요하다. 열정 어린 춤 공연, 전통예능 계승자로서의 장인정신, 기예가로서의 자긍심, 그리고 자신의 기예를 진심으로 이해하고 격려해주는 고객에 대한 감사의 마음에서 비롯된 자기희열을 느낄 수 있어야 한다. 이를 위해 오키야의 오카상은 지속적인 칭찬과 격려, 동기부여를 통해 10대의 마이코들로 하여금 기예를 연마하는 기쁨과 마이코로서의 자부심을 느끼게 한다.

20년 전만 하더라도 초보 마이코는 하나마치의 규범 습득에만 몰두했다. 오직 게이마이코가 되는 일에만 집중했다. 주위 사람들의 도움으로 기예를 수련하고 하나마치의 일원으로 인정받기 위해 '할 수 있다' '해보자'라며 자신을 채찍질했다. 하나마치의 일원이 되는 것과 더불어 게이마이코로서의 아이덴티티가 확립되었다.

하지만 지금은 상하관계의 서열이 명확한 하나마치의 생활이 개인주의와 충돌한다. 핵가족화가 정착된 오늘날은 가구당 가족 수도 줄어 다양한 연령층과의 교류도 적다. 하나마치같이 위로는 80세 이상에서 아래로는 15세까지 조직 구성원의 나이 차가 큰 것도 젊은 세대에게는 낯선 경험이다. 그렇기에 자신의 자유의지로 마이코를 선택해 하나마치의 일원이 되었음을 끊임없이 자각시켜야 한다. 예전같이 어려운 가정형편으로 혹은 의리에 묶여 하나마치로 들어온 것이 아니다. '내 의지로 원해서 왔다' '누구의 부탁을 받고 온 것이 아니다' 이 점을 자각하면 마이코의 아이덴티티가 생긴다.

하나마치의 생활에 적응하고, 마이코로서 어느 정도 익숙해졌다고 생각되는 시기가 있다. 마이코 생활이 완전히 몸에 배고 프로로서 아이덴티티에 눈을 뜰 때 '긍지'도 느끼게 된다. 익숙함과 긍지를 느낄 때 마이코는 자신의 커리어에서 큰 전환점을 맞게 된다.

최근에는 마이코가 교토의 상징으로 각광받으면서 오차야 오자시키 이외의 일이 늘어났다. 이를 테면 교토물산전, 관광 관련 이벤트 이외에 그림, 사진의 모델, 수학여행 온 학생 대상의 춤 공연 등 하나마치 밖의 일이 많아진 것이다. 그렇다보니 초보 마이코들은 어딜 가나 주목을 받게 되고 스스로 마이코인 것에 자부심을 느끼게 된다. 가는 곳마다 카메라나 휴대전화를 들이대며 함께 촬영해줄 것을 요청하는 사람들로 넘쳐난다. 마이코로서 긍지를 느끼는 한편 주변의 관심과 환대에 자칫 겸손함을 잃는 경우가 생기기도 한다. 처음에는 주변의 관심과 환호가 기쁘지만 횟수가 거듭될수록 표정이 어두워지면서 얼굴에서 미소가 사라진다. 마이코 차림으로 레스토랑 메뉴에도 없는 음식을 무리하게 주문하기도 한다. 자신이 완전한 마이코라고 생각하여 우쭐한 기분에 교만해지는 것이다. 이 시기를 '오고리おごり, 교만, 방자'라고 한다. 정도의 차이는 있지만 오고리는 게이마이코가 거치는 통과의례와 같다. 하지만 오고리를 잘 넘어서야 마이코로서 좋은 커리어를 쌓을 수 있다. 자칫 슬럼프에 빠질 우려도 있기에 겸허한 자기반성이 마이코의 일생을 지탱하는 중요한 요소다.

## 고객과의 식사

　하나마치의 인간관계는 오카상과 오네상 같이 가족관계로 표현하는 때가 많다. 하나마치를 방문하는 고객도 남성의 경우 나이에 맞추어 '오니상오빠' '오토상아빠'이라고 한다. 여성 고객은 '오네상언니' 같은 가족적인 호칭을 사용한다. 처음 오는 손님을 거절하는 하나마치에서 고객은 오차야를 창구로 하나마치에 지속적으로 드나드는 멤버다. 고객의 출입은 단발성이 아니라 장기간 지속되는 경우가 많다. 슈쿠보宿坊 오차야는 물론이고 자주 교류하는 게이마이코와의 연결고리도 깊다.

　위계질서가 확실한 하나마치 사회에서 오카상과 오네상 같이 나이 차가 많은 선배에 둘러싸여 답답함을 느끼는 어린 마이코를 고객이 함께 식사한다는 명목으로 하나마치 바깥으로 데리고 나가는 경우가 있다. 고객은 엄한 선배들로부터 잠시 해방될 수 있는 편안한 장소로 마이코를 데리고 가 마이코의 응석을 한껏 받아준다. 아버지와 같은 역할을 자처하는 것이다. 어린 마이코들이 하나마치의 엄격한 상하관계에 힘들어한다는 것을 알고 있기에 자신이 후원하는 마이코를 배려하는 마음도 있다.

 이와 관련해 재미있는 에피소드가 하나 있다. 마이코에서 게이코가 되는 에리가에를 기다리는 마이코가 이제는 마지막인 마이코 차림으로 평상시에는 갈 수 없는 패스트푸드점에 가고 싶다고 했다. 이 마이코는 고객과의 식사라는 형식을 빌려 패스트푸드점으로 갔다. 사실 '마이코'라는 브랜드를 가진 여성들은 영화관, 백화점 등 갈 수 있는 곳이 정해져 있다. 마이코의 이미지와 동떨어진 패스트푸드점 출입은 원칙적으로 금지다. 따라서 이 마이코의 패스트푸드점행은 하나마치의 규칙에 어긋나는 일이지만 고객과 함께라면 가능하다. 마이코가 매우 즐거워했다는 후문이다. 고객과의 식사는 마이코에게 일임과 동시에 또 휴식이기도 하다. 어린 마이코에게 고객은 무리한 부탁을 하고 응석을 부릴 수 있는 존재다.

 사실 고객과의 식사는 마이코가 커리어를 쌓는 데 중요한 일이다. 오카상은 마이코를 후원해줄 생각이 있는 고객에게 마이코를 식사에 초대해달라고 부탁한다. 마이코가 커리어를 키우고 연마하려면 고객과의 관계도 중요하다. 고객 중에는 마이코의 기예와 대화 수준이 높아지는 것에 관심을 두고 마이코 육성에 도움을 주는 사람이 있다. 그렇기에 고객은 초보 때부터 보아온 마이코가 어엿한 게이코로 성장해가는 과정을 지켜본다는 것에서 큰 기쁨을 느낀다.

　게이마이코 역시 자신의 향상된 기예를 고객으로부터 인정받는 것에서 진정한 보람을 느낀다. 고객에게 자신의 성장을 보여주고 노력과 실력을 인정받는 것이 가장 기쁜 일이다. 고객을 자신의 성장을 지켜보고 평가해주는 존재로 생각한다. 하나마치에 오랜 기간 출입한 고객일수록 게이마이코의 실력을 키우는 일에 관심을 가지고 게이마이코의 성장과 발전을 진심으로 격려한다. 기예에 정통한 고객은 게이마이코를 어떻게 칭찬하면 기뻐하는지도 알고 있다.

　교토에서는 게이마이코들의 공연이 매년 수차례 열린다. 관객들은 주로 마이코를 후원하는 고객이나 전통무용에 관심이 많은 고객들이다. 게이마이코들에게 공연은 자신의 기예를 인정받을 수 있는 기회의 장이다. 전통기예에 정통한 고객은 훌륭한 기량을 선보이는 게이마이코에게 칭찬을 아끼지 않는다. 게이마이코에게 최고의 기쁨은 자신의 기예에 대한 고객의 이해와 찬사이다.

　하나마치에서 고객은 게이마이코의 커리어 형성에 중요한 역할을 한다. 게이마이코에게 고객은 말 그대로 고객인 동시에 자신의 기예 향상을 이해하고 평가하는 육성자이다. 고객은 이성적 사랑이 아닌 기예의 육성자로서의 애정을 쏟으며 게이마이코의 성장을 지켜본다. 마이코와 게이코는 고객에게 격려와 지원을 받으며, 하나마치의 일원이 되었다고 생각한다. 평생을 익히고 수련해도 최고의 경지에 도달하기 어려운 기예의 세계에서 고객의 존재는 커리어 형성에 큰 동기부여가 되어준다.

| 인사이드 하나마치 |
### 마이코로 변신하기

아름다운 기모노에 화려한 다라리오비, 계절에 맞춘 꽃 장식으로 치장한 전통 머리 모양, 일본 고유의 냄새가 물씬 풍기는 화장 등 여성이라면 누구나 한번쯤은 '직접 마이코가 되어보고 싶다'라고 생각할 것이다. 교토에서는 이런 여성들을 위해 기모노와 전통 화장법으로 순식간에 화려한 마이코로 변신할 수 있다. 이를 '마이코로 변신하기 變身舞妓'라고 하는데 교토 시내에는 다양한 마이코 체험 상품이 있다.

필자도 실제로 마이코로의 변신을 체험했다. 40분 정도 화장을 하고 기모노를 입으니 마이코 변신 완료! 거울 속에는 하얀 얼굴에 빨간 입술, 화려한 기모노를 입은 마이코 모습의 필자가 있었다. 하지만, 변신 후가 큰일이었다. 의상 한 벌의 무게가 25~20킬로그램이었다. 옷깃은 길어 팔을 올리는 것도 만만치 않았다. 길게 늘어진 오비는 무릎 뒤까지 내려왔다. 목덜미의 깃도 뒤로 치우쳐 있어 무게중심이 뒤로 쏠렸다. 의자에서 일어서고 앉는 기본동작도 혼자 하기가 어려웠다. 더욱이 10센티미터 정도 높이에 바닥이 타원형인 오코보를 신고 걸으니 균형을 잡기 어려웠다. "초보 마이코가 오코보를 신고 구른 적도 있다"라는 이야기를 들어서 조심하며 걸어보려 했지만, 뒤뚱뒤뚱 펭귄 걸음이어서 무척 민망스러웠다.

마이코 체험을 해보니 '마이코의 기본은 체력'이라는 오키야 오카상의 말이 실감이 났다. 마이코는 이런 의상을 입고 춤을 추고, 대작을 하고, 술과 맥주를 나르며 하루 몇 시간씩 일을 한다. 오자시키에서 일하는 것은 상당한 육체노동이다. 고객을 정성껏 접대해야 하고 동석한 게이마이코와의 호흡도 염두에 두어야 한다. 오자시키에 있는 동안 항상 신경을 곤두세워야 하기 때문에 심리적으로도 노동 강도가 세다. 마이코가 힘든 것을 내색도 하지 않고 우아하게 오자시키에서 일할 수 있는 비결은 무엇일까.

무엇보다도 그러한 생활에 익숙해졌기 때문이다. 길게 늘어진

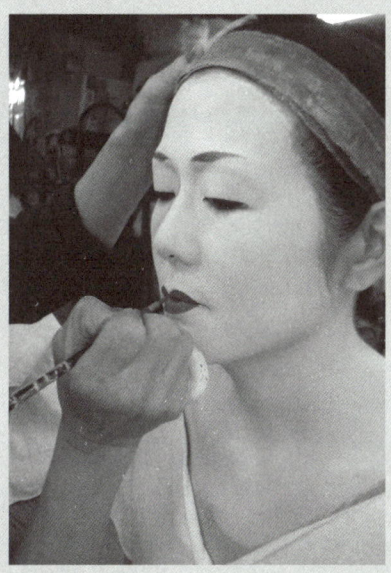
마이코 분장 중인 필자.

다라리오비를 한 손으로 쥐고 계단을 내려가는 모습을 보면 마치 그것이 신체의 일부가 되었다는 느낌이다. 걷기도 어려운 오코보를 신고 따각따각 경쾌한 소리를 내며 돌길을 걸으면 집 안에 있는 오카상은 소리만 듣고도 누가 지나가는지 알 정도라고 한다. 딱딱한 나무베개에서 자는 것도 익숙해져 일어나서도 머리 모양이 헝클어지지 않는다. 겨울에는 목 주변이 무척 시리다. 여름에는 매우 덥다. 추위와 더위도 정신력으로 극복한다. "인내심이 정말 대단하다"라는 말이 절로 나온다. 그녀들의 의젓한 모습 뒤에는 '마이코의 자부심'이 숨어 있다. 어느 마이코는 "교토에 마이코가 70명 있다는 말은 세계에 70명밖에 없다는 말 아니겠느냐"라며 마이코로서의 강한 긍지를 내비쳤다.

## 배우면서 일하고, 일하면서 배운다

오자시키에는 전통문화에 조예가 깊은 고객들도 왕래한다. 그렇기에 게이마이코들은 오카상과 선배 게이마이코만이 아니라 고객으로부터도 냉철한 평가를 받는다. 18세 정도의 중견 마이코가 되면 어느 정도의 춤 실력은 당연하게 여긴다. 그렇기에 보다 향상된 기예 실력을 기대한다.

교토 하나마치에는 게이마이코가 기예를 배우는 학교인 '뇨코바'가 있다. 하나마치마다 산하에 뇨코바를 가지고 있다. 초보 게이마이코의 하루는 아침 8시에 일어나 뇨코바 등교로 시작한다. 등교 시간은 아침 10시며 수업은 오후 2시까지 이루어진다. 수업을 마치면 자유 시간을 갖기도 하고 오카상과 오네상을 도와 외출하기도 한다. 개인적으로 전통기예를 익히기 위해 개인 레슨을 받기도 한다. 오후 4시부터는 게이마이코 화장을 하고 기모노를 입는다 오토코시가 입혀준다. 오후 6시부터 오자시키에 나가 두세 군데의 오자시키를 돈다. 오키야로 돌아와서 화장을 지우고 잠자리에 들면 새벽 2~3시경. 그렇다보니 다음 날 아침에 일어나 학교로 가는 일상은 그리 만만치 않다.

미야가와초의 뇨코바, 히가시야마여자 학원.

그렇기에 마이코가 되려면 실력보다 체력과 건강이 먼저다. 그녀들은 거의 매일 학교, 개인교습, 오자시키를 돌아야 한다. 쉴 틈 없이 짜여진 일상을 견디려면 체력이 필수조건이다. 초보 마이코의 말이다. "저는 아침 일찍 일어나기 어려워요. 비밀인데, 자명종 시계를 3개나 켜놓고 잡니다. 그래도 일어나기 어려워 오네상이 깨워줍니다."

### 뇨코바 女紅場

교토의 다섯 개 하나마치 중 학교를 운영하는 곳은 야사카뇨코바 학원을 운영하는 기온코부, 가모가와 학원의 폰토초, 히가시야마여자 학원의 미야가와초 등 세 곳이다. 특히 야사카뇨코바 학원과 히가시야마여자 학원은 학교법인이다. 가미시치켄에서는 가부렌조의 겐방에 선생을 불러 수업하고 기온히가시는 공부방을 만들어 선생을 초빙한다. 기온코부 이외에는 '뇨코바'라는 명칭을 쓰지 않지만, 교토 뇨코바는 게이마이코 학교의 일반적인 명칭이다.

게이마이코 학교인 뇨코바의 역사는 메이지 시대로 거슬러 올라간다. 당시 '예창기해방령芸娼妓解放令'이 시행되어 게이기를 그만두는 사람이 많았다. 예창기해방령은 메이지 5년1872에 발령되었는데 게이기, 쇼기의 해방을 목적으로 한 법률이다. 정부는 유흥가 여성들이 자립할 수 있도록 하나마치에 재봉, 직조, 제차차 만드는 것를 가르치는 직업훈련소인 '부녀직공인립회사婦女職工引立会社' 설립을 의무화했다. 이것이 뇨코바의 시작이다. 당시에는 하나마치에서 생활하는 일반 여성도 교육을 받을 수 있었다.

게이마이코가 뇨코바에서 배우는 것은 의무다. 게이마이코가 현역에 있는 동안은 계속 뇨코바를 다녀야 한다. 그녀들은 오자시키의 전문인력인 동시에 뇨코바의 학생이다. 한번 입학하면 게이마이코를 그만두지 않는 한 졸업은 없다. 뇨코바는 게이마이코의 평생교육장인 것이다.

뇨코바에서는 게이마이코의 기본인 일본 전통무용과 장패長唄, 가부키 반주음악으로 발전한 샤미센 음악, 소패小唄, 에도 말기에서 메이지 초기에 유행했던 샤미센에 맞추어서 부르는 짧은 가곡, 도키와즈常磐津, 가부키의 반주음악 등 전통음악, 샤미센, 종, 태고큰북, 북, 피리 등 전통악기 연주를 가르친다. 예의범절 교육인 '다도'도 필수과목이다. 교양과목으로 꽃꽂이, 그림도 배우는데 이는 게이마이코의 미적 감각과 센스를 키우기 위함이다.

커리큘럼은 정해져 있지만, 시간표는 정해져 있지 않다. 선생의 상황에 맞추어 월 단위로 수업시간을 정한다. 학교에서 배우는 것을 게이코稽古,수업라고 하는데 개인적으로 선생에게 배우면 '개인 게이코개인수업', 오키야의 오카상과 오네상에게 배우면 '가택 게이코' '언니 게이코'라고 하고 오키야에서 혼자 연습하면 '나 홀로 게이코'라고 한다. 그러나 평균적으로 주 3~4일은 뇨코바에서 기예를 익힌다. 선생은 '시쇼師匠'라고 부르며 대부분 전통예술의 대가들이다. 오자시키의 경험이 필요한 과목들은 베테랑 게이코가 선생이 된다. 뇨코바의 전과목은 수준별 교육 방식을 따른다.

### 라이벌을, 선배를, 후배를 본다

뇨코바에서는 모든 게이마이코가 함께 배운다. 초보 마이코에서 베테랑 게이코까지 기량과 경력이 달라도 같은 장소에서 같은 선생으로부터 배운다.

초보 마이코들은 아침 일찍 등교해서 수업 준비를 한다. 선생의 차茶를 준비하고 선배가 수업받는 모습을 지켜본다. 서열이 엄격한 게이마이코들은 선배가 후배보다 먼저 배운다. 초보 마이코는 자신의 수업을 기다리면서 선배의 수업을 참관하는데 선배의 수업을 지켜보는 것도 큰 수련이 된다. 손놀림이나 움직임 하나하나도 공부이기 때문이다.

뇨코바에서는 보고 따라 하는 전통적 교육방법을 그대로 사용한다. 특히 일본 전통기예는 '가타치型, 형식'라고 부르는 기본동작이 있다. 가타치를 익히려면 많은 관찰이 필요하다. 모든 게이마이코가 함께 배우고 보고 익히는 교육 시스템은 다음과 같은 이점이 있다.

첫째는, 가타치 통일의 아름다움이다. 한 뇨코바의 게이마이코는 한 유파의 전문가에게서 배운다. 같은 가타치를 게이마이코 전원이 익힌다. 게이마이코 전원이 같은 유파의 기예를 습득함으로써 가타치가 통일된 기예를 아름답게 펼칠 수 있다.

둘째는, 순발력이 좋은 기예를 펼칠 수 있다. 서로 기예 수준이나 성격을 알 수 있어 오자시키에서 팀워크가 잘 맞는다. 구체적으로 말하자면 누가 어떻게 춤을 출지 한 사람이 앉고 다른 한 사람이 서는 등를 바로 정하고 실수 없이 춤을 출 수 있다. 또한 오자시키의 넓이와 인원을 고려하여 순발력 있는 접대도 가능하다.

셋째는, 동기부여다. 뇨코바에는 같은 하나마치의 게이마이코가 모두 모인다. 초보 게이마이코는 동기들을 만날 수 있으며, 서로 경쟁하고 정보를 공유한다. 라이벌과 멘토를 통해 기예 향상을 촉진시킨다. 이처럼 뇨코바는 자신의 기예 수준을 점검하고 실력을 다져나가는 최적의 장소인 것이다.

넷째는, 비용과 기회의 메리트다. 학교는 개인교습보다 학비가 싸다. 오키야의 규모와 경영상황에 크게 관계없이 지속적으로 기예를 연마할 수 있다. 필수과목 이외의 과목도 수강이 가능하다. 다양한 과목이 개설되어 있어 선택해서 배울 수 있다. 이를 통해 게이마이코로서의 깊이 있는 소양을 쌓을 수 있게 된다.

### 배움의 사이클

뇨코바는 하나마치의 필요에 맞춰 커리큘럼을 변화시켰다. 에도 시대에는 5~6세부터 오키야에 살면서 게이마이코가 되기 위한 수련을 시작했다. 메이지 시대 때는 10세 전후에 입주했고 제2차 세계대전 후에는 의무교육제도가 실시되면서 중학교를 마치고 오키야로 들어갔다. 지금은 15세 이전에 오키야에 입주하는 일은 없다. 과거에 비해 게이마이코의 수련 기간이 줄어들었지만 그 공백을 채워주는 곳이 바로 뇨코바다. 오키야로 들어오는 소녀들의 나이가 상향화되면서 과거에 비해 수련 기간이 감소했기 때문에 하나마치의 기초교육을 담당하는, 없어서는 안 될 조직인 것이다.

게이마이코들은 오키야와 오자시키에서도 많은 것을 배운다. 오키야에 입주함으로써 말이나 행동규범 등을 단기간에 습득할 수 있다. 오키야의 오카상이나 오네상이 시코미나 초보 마이코를 개인 실력과 수준에 맞춰 세세하게 교육한다. 따라서 지금의 게이마이코들은 오키야에서의 교육과 뇨코바 교육을 병행함으로써 단기간에 프로페셔널이 될 수 있게 되었다.

하나마치는 일하면서 배우는 시스템이다. 게이마이코는 오자시키에서 'OJT on-the-job-training'를, 뇨코바에서 'Off-JT off-the-job-training'를 한다. 양쪽의 전문성을 살려 배우고 기예를 향상시킨다. 뇨코바를 통해 배우고, 배운 것을 오자시키에서 실습한다. 배운 것을 실습하고 고쳐나가는 '교육 사이클'인 셈이다 표 2-2. 일종의 산학 연계 맞춤형 인력양성인 것이다. 이러한 교육 사이클을 통해 1년이라는 짧은 기간 동안 집중교육을 받은 게이마이코들은 곧바로 오자시키 현장에 투입될 수 있다. 또한 오자시키에서 기예를 펼치며, 자신의 미숙함을 자각하고 뇨코바를 통해 부족한 부분을 채워나간다. 이런 사이클을 통해 5년 정도면 지마에 게이코로 독립할 수 있는 수준까지 오른다.

따라서 게이마이코에게 뇨코바에서의 수업은 매우 중요하다. 오차야에서 부족한 부분을 뇨코바에서 집중적으로 개선한다. 기량이 뛰어난 게이마이코는 하나마치 서비스 질과도 직결된다. 뇨코바는 하나마치 경쟁력의 원천인 것이다.

표 2-2 게이마이코의 교육 사이클

| 커리어 형성 | 학교 | 오키야 | 오차야 | 고객 |
|---|---|---|---|---|
| 기예의 기본과 규범의 학습 (개인 수업) | ↓ | | | |
| 실전을 위한 연습 : 순발력 (가택 수업) | | ↓ | | |
| 오차야<br>실전(오자시키) | | | | |
| 기예의 기본과 순발력 규범에 대한 평가 및 점검을 받는다 (말해준다) | | 평가를 수용한다 (오네상과 오카상에게 말한다) | ↓ | ↓ |
| 기예의 기본과 순발력 규범에 대한 평가 및 점검을 받는다 (오네상에게 물어본다) | | ↓ | | |

# 실전을 통한 트레이닝

'교토의 봄은 하나마치의 춤에서 시작한다'라는 말이 있다. 기온코부의 '미야코오도리'와 미야가와초의 '교오도리'는 하나마치에서 가깝고 사쿠라로 유명한 마루야마 공원, 가모가와, 기야마치 강가에서 사쿠라가 피는 4월 초에 열린다. 가미시치켄의 '기타노오도리 北野をどり'는 가장 늦게 피는 사쿠라인 오무로자쿠라의 개화 시기에 맞추어 4월 중순에 개최된다. 신록이 우거지는 5월에는 폰토초의 '가모가와오도리 鴨川をどり'가 시작하고 단풍이 드는 11월에는 기온히가시의 '기온오도리 祇園をどり'가 열린다.

교토 하나마치는 관광 시즌에 맞추어 매년 춤 공연을 개최하기 때문에 관광 시즌에는 엄청난 인파로 붐빈다. 1개월 동안 열리는 기온코부의 미야코오도리 때는 연간 10만 명의 관광객이 방문한다. 도쿄와 오사카의 하나마치도 이전에는 춤 공연을 개최했지만 최근에는 신바시의 '아즈마오도리 東をどり'를 제외하고는 교토같이

미야가와초에서 열리는 '교오도리'. 마이코들의 춤 공연을 보려는 관광객들로 크게 붐빈다.

장기간 정기적으로 개최하지 않는다. 도쿄의 하나마치에는 가부렌조와 같은 시설이 없기 때문이다. 기존 극장을 빌려 공연하려면 1개월 단위로 공연을 해야 하는데 지금의 도쿄 하나마치 규모로는 무리다.

　사실 하나마치의 춤 공연은 뇨코바의 발표회이기도 하다. 1년 정도의 초보 마이코도 무대에 설 수 있다. 다만 아직 기예가 서툰 신인들의 무대는 따로 마련된다. 기량이 뛰어난 게이코들은 넓은 무대에서 두세 명이 함께 공연을 하지만 초보 마이코들의 공연은 군무 위주다. 기예가 특출난 마이코에게는 중요한 역할이 주어지고 그저 그렇다면 그에 걸맞는 역할이 주어진다. 무대에 선 초보

교토에서는 여름이면 가모가와 강변에서 요리와 술을 즐기는 행사가 열린다. 5월에서 9월에 걸쳐 열리고 게이코들과 즐기는 일도 가능하다.

마이코들의 표정에는 긴장감이 역력하지만 그들의 군무에 허점은 없다. 평상시 연습의 결과이기도 하지만 춤 공연을 준비하면서 기예의 수준이 일취월장하기 때문이다. 초보 마이코들에게는 공연 자체가 발전과 성장의 강력한 촉매제인 것이다.

### 프로페셔널로 연마한다

춤 공연 기간 중에는 그야말로 살인적인 스케줄이 기다리고 있다. 이 시기는 춤 공연과 오자시키, 연회 때문에 게이마이코들은 아침부터 밤까지 바삐 움직인다. 초보 마이코들도 가혹한 스케줄을 온몸으로 체험하게 된다. 단골들은 춤 공연이 끝나자마자 바로 오자시키로 오는 때가 많다. 관광 시즌과 겹쳐 호텔과 요릿집의 출장도 잦다. 평상시 오후 3~4시경 시작하는 화장과 의상 준비도 이 기간에는 아침부터 시작한다. 낮 12시부터 시작되는 공연은 2회, 3회 공연으로 이어진다. 마지막 공연이 끝나는 저녁에는 공연 직후 오자시키로 가야 한다. 모든 일정이 끝나면 한밤중이다. 귀가해서 잠드는 시간은 보통 새벽 2~3시. 개최 기간 동안 계속되는 일정이다.

수면 부족과 싸우며 연일 오자시키에서 일하는 어려움을 경험하는 이 기간이 끝나면 초보 마이코들은 더욱 성숙한 마이코로 성장한다. 엄격한 수련을 통해 익힌 기예를 무대에서 펼치는 기쁨을 맛보며 서비스 전문직으로서 자신의 직업에 대한 책임감이 생긴다. 즉 철저한 프로의식이 몸에 배게 된다.

또한 신인 게이마이코에게 춤 공연은 자신의 기예 실력을 시험하는 기회다. 만약 실수를 저지르면 자신의 오네상도 책임을 진다. 춤 공연에서 실수했던 경험이 있는 마이코의 말이다.

"작년 공연은 마이코가 되고 처음 무대에 선 춤 공연이었어요. 연습을 많이 했지만 공연 중에 그만 부채를 떨어뜨리고 말았습니다. 황급히 다시 주워 공연을 계속했지만, 그다음이 난리였습니다. 제가 무대에서 실수한 다음 날 오네상과 같이 오차야를 돌면서 사과했습니다. 실수한 것은 저였고, 오네상은 아무런 잘못이 없는

데도 오네상은 '죄송합니다'를 연발하며 하나마치 전체를 돌았습니다. 정말로 오네상을 볼 면목이 없었습니다. 올해는 절대로 오네상에게 피해가 가지 않도록 하겠습니다. 올해는 작년보다 더 긴장하고 있습니다."

이처럼 게이마이코들은 경험을 통해 자신의 실수가 자신만의 실수가 아니라는 것을 깨닫는다. 하나마치 공동체의식을 몸으로 느끼게 되는 것이다.

신인 마이코의 공연은 군무가 많다. 따라서 군무의 절도 있는 아름다움을 위해 역할분담과 협업, 팀워크가 갖는 중요성을 깨닫게 된다. 자신의 실수가 일사불란하게 움직이는 공연에 방해가 되고 주위 사람들에게 피해를 준다는 것을 인식한다. 상호 협력적인 역할에 대한 책임감을 춤 공연을 통해 절실히 느낀다. 이처럼 게이마이코에게 있어 춤 공연은 자신의 역할을 이해하는 무대이기도 하다.

### 게이마이코의 경쟁력

하나마치는 고객에게 더 나은 서비스를 제공하기 위해 분업제도를 활용한다. 오차야는 여러 구성 요소를 합하고 개성 있는 분위기를 연출하여 자신만의 특화된 고객 서비스를 추구한다. 게이마이코 역시 하나마치의 여러 구성 요소 가운데 하나이다. 기본적

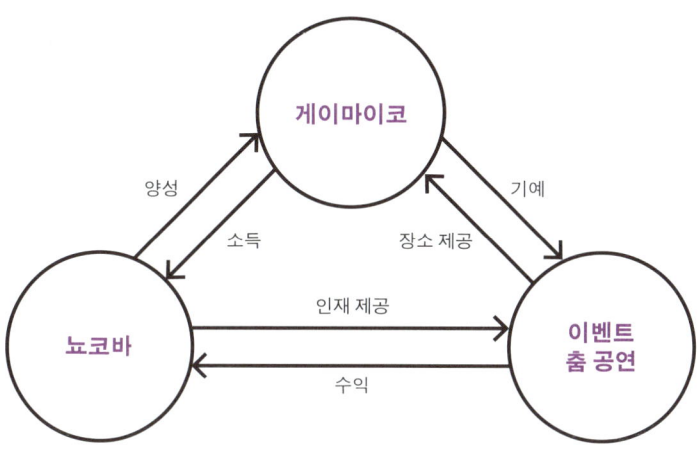

표 2-3 인재육성과 제도의 관계

인 기예는 물론이고 자신만의 장점을 연마하지 않으면 살아남지 못한다.

게이마이코는 자신만의 것을 만들어가는 노력과 '슬기'가 필요하다. 주위 사람들과 조화를 이루면서 자신만의 특화된 전략으로 차별화해 고객에게 잘 어필해야 한다. 지금 잘나간다고 방심하면 그 순간 설 자리가 없어진다. '나만의 특화된 서비스'야말로 강력한 경쟁 요소임을 자각하고 능력을 키워야 한다. 자기성찰이 필요한 이유다.

'슬기로움'은 학교라는 배움터와 춤 공연 같은 대형 이벤트, 그리고 게이마이코 본인이 자신의 장점을 키우겠다는 자각을 통해 길러진다표 2-3. 뇨코바의 전문가 선생들, 오네상과 오카상같이 기초와 현장 경험이 풍부한 사람들도 든든한 지원자다.

하지만 학교와 오자시키, 춤 공연의 경험만으로 한 사람의 게이마이코로 우뚝 서지 못한다. 자신만이 갖는 분위기와 개성이 있어야 한다. 즉 일하면서 배워Learning by doing 자신만의 오리지널리티를 가진 프로페셔널이 되어야 한다.

'슬기로운 게이마이코'는 자신의 기량을 파악하고, 강점을 키우기 위해 묵묵히 정진하는 사람이다. 노력은 결코 배신하지 않는 법이며 반드시 누군가는 알아준다.

# 3장 하나마치 시크릿 코드

하나마치는 이렇듯 여러 관련자들과 고객이 오차야를 중심으로 연결되어 하나의 비즈니스로 완성된다. 하나마치 전체를 보면 각 업자가 하나의 조직같이 유기적으로 연관하여 공동체를 형성하고 공존하는 양상인 것이다. 오차야 오카상은 서비스 구성 요소를 분해하는 언번들링(전문업자의 분업)과 서비스를 다시 재조합하는 리번들링(오차야의 코디네이트)의 메리트를 살려 최상의 서비스를 제공한다. 이러한 엄격한 룰이 하나마치 비즈니스 시스템의 골격이다.

## 처음 오는 손님은 거절

교토 하나마치의 문턱은 매우 높다. 오차야의 오카상은 처음 보는 손님이 현관에 서 있을 때 "미안합니다. 저희 고객의 소개가 없으면 손님을 받지 않습니다"라고 정중하게 거절한다. 얼굴이 알려진 유명인은 "일부러 여기까지 오셨는데 오늘은 오자시키가 꽉 찼습니다. 미안합니다"라는 말로 상대의 체면을 배려하며 거절한다.

교토 하나마치에는 처음 오는 손님은 거절하는 특별한 관습이 있다. 오늘날로 말하자면 철저한 '회원제 비즈니스'다. 메이지 시대, 일본의 문호 나쓰메 소세키도 교토 하나마치에 처음 방문했을 때 중간에 사람을 넣어 오차야를 방문했다고 한다. 고르바초프 구소련 대통령과 유명가수가 갑자기 오차야를 방문했는데 문앞에서 거절당했다는 일화는 유명하다.

하나마치가 하나의 산업으로 존재하려면 새로운 고객의 유입이 반드시 필요하다. 처음 오는 손님을 계속 거절하면 협소한 고객층

## '처음 오는 손님 거절' 관행이 정착된 배경

| | | |
|---|---|---|
| 장기외상거래의 관행 | → | 채무불이행 방지 |
| 고객 접대 서비스 | → | 고객의 정보에 기초한 서비스 제공 |
| 직주일체 형태의 여성들만의 집 | → | 오차야에서 생활하는 여성들 및 고객의 안전 배려 |

으로 인해 점점 쇠락할 수밖에 없다. 이렇듯 경제적인 합리성이 없음에도 교토 하나마치는 '처음 오는 손님 거절'을 지금도 고수하고 있다. 그렇다면 관점을 바꾸어 '처음 오는 손님 거절'을 '좋은 손님 확보'라는 시점에서 생각해보면 어떨까.

하나마치의 여성들이 오자시키에서 고품격의 기예를 펼쳐 보여도, 이를 이해하고 대가를 지불하는 손님이 없으면 비즈니스가 불가능하다. 신규고객을 늘리는 것도 중요하지만, 서비스의 가치를 알고 오랫동안 꾸준히 찾는 좋은 단골을 확보하지 못하면 경쟁력을 갖출 수 없다. 따라서 하나마치를 지탱시킨 중요 시스템으로 '처음 오는 손님 거절'에 접근해야 한다.

"모든 사람을 손님으로 모셔야 한다는 생각은 없습니다. 오자시키를 진정으로 이해하고 기뻐할 줄 아는 손님이면 됩니다. 고객이 우리 업소를 이용한 후 '즐거웠다, 고맙다'라고 말해줄 때 가장 큰 보람을 느낍니다." 오차야 오카상의 말이다.

### 장기외상거래의 관행

먼저 거래 관행이다. 단골고객은 지갑이 없어도 오자시키에서 즐길 수 있다. 유흥에 드는 모든 비용은 오차야가 대신 결제하고 후정산하는 시스템이다. 오차야를 이용하는 경비는 물론이고 오차야를 거쳐 2차로 술자리를 옮기면, 2차 비용과 이동하는 교통비까지 일체의 비용이 오차야로 청구된다. 오차야는 고객을 대신해 전부 결제하며 고객에게는 1~2개월 뒤 대금청구를 당연시한다. 상황에 따라서는 반년 뒤에 청구서를 보내는 일도 있다.

장기외상거래의 관행은 에도 시대부터 지금까지 지속되고 있다. 이러한 결제 시스템은 고객과 오차야 사이에 강한 신뢰감이 없으면 성립할 수 없다. 처음 오는 고객과는 갑자기 신용이 생기지 않는다. 처음 오는 손님 거절 시스템이 지금까지 존속하는 이유도 이러한 결제 관행에서 비롯된 것이다.

### 고객 접대 서비스

하나마치에서 제공하는 '고객 접대'는 고객의 취향에 따라 접대 내용이 다르다. 오카상은 고객의 취향을 철저하게 파악하고 있으며 무엇을 어떻게 할 것인가를 일일이 고객에게 묻지 않고 오자시키에서 선보일 게이마이코와 요리를 준비한다 표 3-1. 오카상은 자

표 3-1 오자시키의 형성

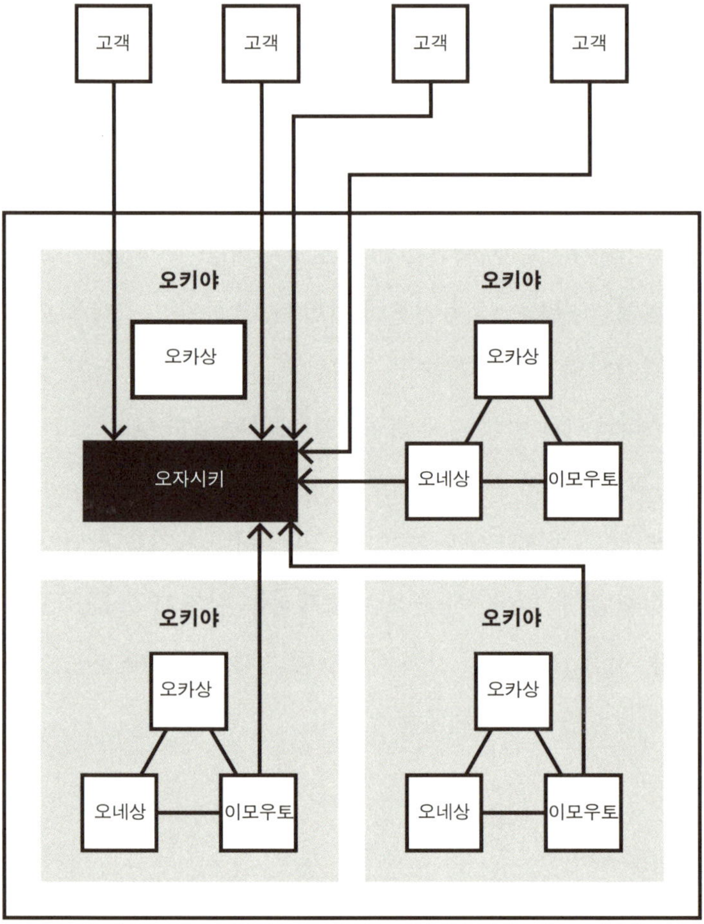

[오키야: 오카상 → 오자시키]
[오키야: 오카상 - 오네상 - 이모우토]
[오키야: 오카상 - 오네상 - 이모우토]
[오키야: 오카상 - 오네상 - 이모우토]

고객 → 오자시키

오차야의 오카상은 고객의 방문 목적(접대, 휴식, 행사)과 취향을 고려하여 어떤 게이마이코를 부를 것인지 결정한다.

신만의 특화된 서비스 제공에 자부심과 보람을 느끼는데 처음 오는 손님들은 정보가 전혀 없는 고객이라 어떤 서비스를 좋아하고 싫어하는지 충분히 알지 못한다. 만족스러운 서비스 제공이 어렵기에 처음 오는 손님을 거절하는 것이다. 고객이 불만을 느끼면 경쟁력의 원천이 흔들리고 더불어 오카상의 자존심에도 상처가 난다.

### 직주일체職住一體형 여성들만의 공간

오차야는 오카상과 그곳에서 일하는 여성들에게 일터인 동시에 생활공간이다. 오차야 안에는 오자시키가 있다. 따라서 오자시키에 처음 오는 손님을 들이는 것은 불면식의 남성을 여자들만 사는 집으로 불러들이는 것과 같다. 아무리 지명도가 높고 부유한 손님이라고 해도 처음 오는 손님은 불안하기 때문에 안전상 거절한다.

오차야를 이용하는 고객들은 사회적으로 지위가 높은 고객이 많다. 술에 취해 오자시키에서 행패를 부리거나 돌아가지 않고 버티는 사람은 곤란하다. 이러한 이유로 '처음 오는 손님은 거절'하고 신규고객은 개척하지 않는다. 즉, '처음 오는 손님 거절'은 '불편한 고객'을 사양하는 시스템이다. 여자들만 거주하는 오차야의 안전과 다른 고객의 안전을 동시에 배려한 조치인 것이다. 하나마치만의 독특한 지혜라고 할 수 있다. 고객의 수를 제한하는 구조는 경제적으로는 손해지만, 오차야는 손실을 감내하면서 이러한 관습을 400년 가까이 지켜왔다.

## 오차야 유희는 신뢰의 증표

하나마치가 생긴 에도 시대에는 신용카드도 없었고 돈을 빌려주는 여신 회사도 없었다. 믿을 만한 사람의 소개를 받으면 고액 거래라 할지라도 신용 하나만으로 결제가 이루어졌다.

교토 하나마치에도 이러한 거래 관행을 그대로 도입하여 신용 있는 고객이 소개하거나 추천하는 사람만 신규고객으로 받아들였다. 이러한 신규고객 확보 방법 때문에 오차야를 출입하는 사람은 신용 있는 사람이라는 표징이 되기도 했다. 즉 오차야의 고객이 된다는 것은 신용, 재력, 매너 삼박자를 두루 잘 갖춘 확실한 사람임을 인정받았다는 의미다. 교토, 오사카를 포함해 간사이 지방 경제인들 사이에서 오차야를 출입하는 것이 하나의 유행이었던 이유가 바로 여기에 있다. 오사카, 교토의 대기업 지사장들이 오차야의 담당자가 바뀔 때마다 새로운 담당자를 오카상에게 소개한다.

오차야를 이용하는 고객도 신용 유지에 노력을 기울인다. 오랜 기간에 걸쳐 하나마치를 이용한 고객은 정보가 축적되고 이러한 정보를 통해 자연스럽게 고객신용도를 파악할 수 있는 것이다.

### 암묵의 룰, 슈쿠보宿坊

처음 오는 손님을 거절하는 교토 하나마치에서 또 한 가지 고객 정보를 축적하는 방법이 있다. 고객은 하나의 하나마치에서는 하나의 오자시키에서만 즐긴다는 암묵의 룰인 '슈쿠보宿坊, 손님이 머무르는 방. 여기서는 단독으로 거래하는 특정 오차야를 지칭한다.'다. 하나마치를 잘 아는 사람이라면, 거래처가 교토 하나마치를 이용한다는 말을 들으면 "슈쿠보는 어디입니까? 저희는 기온초에서는 ○○의 신세를 지고 있고, 가미시치켄에서는 △△입니다"라고 하나마치마다 특정 오차야 이름을 거론한다.

슈쿠보라는 룰이 있어 같은 하나마치 안에서 오늘은 이 오차야, 내일은 저 오차야로 가는 일은 삼간다. 이 룰을 위반하면 고객의 신용에 흠집이 나기 때문이다. 대대로 특정 오차야를 이용하는 단골들은 아버지가 아들에게 또는 상사가 부하 직원에게 "이 오차야를 이용하고 있다. 다른 오차야로 마음대로 옮기면 안 된다"라고 당부한다.

주조 관련 회사는 한 지역에서 자사의 상품을 취급하는 술집이 여러 곳 있을 경우 모든 술집을 돌아가며 이용한다. 하지만, 교토 하나마치에서는 슈쿠보로 이용하는 오차야가 자사의 상품을 취급하지 않아도 오차야를 바꾸지 않는다. 슈쿠보의 룰이 회사의 룰보다 상위에 있다.

오차야의 오카상도 어느 기업의 누구는 어느 오차야의 고객이라는 것을 잘 알고 있기 때문에 다른 오차야의 고객이 의뢰해도 바로 "네, 감사합니다"라고 말하지는 않는다. 슈쿠보를 모르는 고객에게는 친절하게 설명한다. 지금까지 이용하던 슈쿠보와 트러블이 있는 때는 저간의 사정을 철저히 알아보고 결정한다. 이러한 '슈쿠보'는 '처음 오는 손님 거절'과 같이 명문화되어 있지는 않지만 하나마치 관계자라면 반드시 지켜야 하는 룰이다.

오차야는 슈쿠보를 통해 고객의 요구에 정확히 응대할 수 있다. 축적된 고객 정보를 바탕으로 고객이 기대하는 것 이상의 서비스 제공도 가능해진다. "오랜 기간 만남을 통해 얻은 고객 정보를 토대로 손님에게 더욱더 편안함을 제공하려 분발합니다. 슈쿠보는 그것을 더욱 쉽게 만드는 룰입니다"라고 오차야의 오카상은 말한다. 슈쿠보는 최고의 고객만족을 위해 최적의 서비스를 제공하려는 룰인 것이다.

하나마치를 이용하는 고객도 단골 오차야를 만들면 이것저것 세세하게 요구하지 않아도 된다. 좋아하는 음식과 싫어하는 음식, 게이마이코의 취향까지도 오차야에서 모두 파악하고 준비하기 때문이다.

'처음 오는 손님 거절'과 '슈쿠보' 같은 룰은 사실은 고객과 오차야 간의 긴밀한 교류를 촉진하는 장치다. 이로 인해 고객이 더욱 편하게 오차야를 즐길 수 있다.

슈쿠보가 고객에게 가장 편안하고 만족스러운 오차야이지만 그것만으로는 고객의 요구를 완전히 충족시켰다고 할 수 없다. 아무리 슈쿠보가 편하고 즐거워도 가끔은 다른 분위기의 오차야로 가보고 싶은 것이 인간의 마음이다. 유명한 다른 오차야는 어떨까 호기심이 생기는 것은 자연스럽고 당연한 일이다.

이런 때에는 "오카상, 조금 무리한 이야기 하나 들어주지 않겠나? 이번에 접대할 손님이 교토에 오면 ○○ 오차야에 가고 싶어 하네. 항상 오카상의 오차야에서 신세를 지고 있는데 기분 나쁘겠지만 ○○ 오차야에 꼭 가고 싶다는 손님 때문에 어찌할 수 없어. 어떻게 안 될까?"라고 오차야 오카상에게 솔직하게 말하면 가능하다.

슈쿠보를 통하면 다른 오차야의 오자시키를 이용할 수 있다. 자신이 슈쿠보로 이용하는 오차야 이외의 오차야에서 볼 때 그 고객은 처음 오는 손님이다. 아무리 하나마치를 많이 출입해도 쉽사리 이용할 수 없는 것이다. 이럴 때 슈쿠보가 창구 기능을 하여 다른 오차야의 출입을 가능케 해준다.

자신의 매상이 줄고, 설사 고객이 다른 오차야로 옮길 가능성이 있음에도 오차야는 고객의 요구를 최우선으로 한다. 공교롭게도 고객이 원하는 날에 예약이 불가능할 때는 다른 오차야를 소개한다. "저희 오차야를 이용해주시는 손님은 저희를 어여삐 여기고 있다고 생각합니다. 다른 오차야를 소개한다고 해서 손님이 아주 가버린다고 생각하지 않습니다. 가끔은 다른 곳도 가봐야지 손님도 기분전환이 되어 기뻐합니다. 저희도 '역시 슈쿠보가 제일 좋아'라고 느낄 수 있게 노력하게 됩니다."

고객만족을 최우선시하고 고객의 요구를 파악해 기대 이상의 서비스를 제공하려는 정성이 있어야 장기적으로 매상이 올라간다고 여기는 것이다. 이처럼 고객의 선택 폭을 넓히고, 오차야가 경쟁하면서도 영업 기회를 놓치지 않는 것이 하나마치 전체의 영업 구조이다.

### '소개'를 통한 고객 확보

그렇다면 오차야는 신규고객을 어떻게 개척할까? 신규고객은 어떻게 해야 오자시키를 출입할 수 있을까? 이런 단순한 의문이 생긴다.

답은 '소개'다. 오차야를 즐겨 이용하는 고객이 자신의 지인이나 친구를 오자시키에 데리고 와서 자연스럽게 친구나 지인을 오차야에 소개한다. 오차야에서는 소개받은 손님이 어떤 사람인지 잘 모르지만, 소개해준 고객의 신용을 믿고 새로운 손님을 고객으로 받아들인다. 기존 고객이 새로운 고객의 신용을 담보하는 구조다.

일례로 필자가 오차야를 출입할 수 있게 된 경위도 마찬가지였다. 필자의 지인 A 씨가 어느 하나마치의 오차야를 가끔 이용한다는 이야기를 들었다. 필자가 "오자시키에 한 번 가보고 싶다"라고 부탁하자 흔쾌히 승낙하였다. 그렇게 안면 있는 몇 명과 오자시키를 이용할 기회가 생겼다. 마이코의 춤과 게이코의 샤미센, 일본 전통가요를 들으며 매우 즐겁게 보냈고 그 후 몇 번인가 더 그 오차야에 갈 수 있었다. 그런 경험이 있고 나서 이번에는 "A 씨와 별도로 제가 직접 지인들을 데리고 오차야에 갈 수 없을까요?"라고 오카상에게 물어보았다. "오세요. 전화 기다리다겠습니다"라는 오카상의 승낙을 받았다. 그때부터 A 씨에게 부탁하지 않고 직접 오차야를 예약할 수 있었다.

만약 오차야를 출입하는 지인이나 친구가 없으면 하나마치 관계자들을 통해 게이마이코와 여흥을 즐길 수 있다. 하나마치와 오랜 거래관계에 있는 호텔, 여관, 요릿집에서 오차야의 게이코나 마이코를 부르는 것이 가능하기 때문이다.

# 오자시키의 룰rule

오차야의 오카상은 하나마치의 오자시키를 잘 모르는 초보 고객에게 오자시키의 룰을 기초부터 가르쳐준다. 초보 고객이 창피를 당하지 않게 하기 위해서다. '마이코의 춤이 시작되면 일체의 행동을 중단하고 공연에만 집중한다' 등 실제로 오자시키에 참석하지 않으면 알지 못하는 규칙을 일러준다. 게이마이코의 축하금도 오카상에게 맡기면, 시세와 고객의 수준에 맞추어 적당히 처리한다. 밤늦게 간단한 음식을 주문할 때는 한창 성장기에 있는 어린 마이코를 배려해야 한다. 마이코 몫까지 같이 주문하는 것이 고객의 매너라고 베테랑 게이코가 초보 고객에게 살짝 귀띔해준다. 초보 고객이 솔직하게 "어떻게 해야 하는 겁니까?"라고 물으면, 오자시키에서 즐기는 방법과 하나마치의 관습까지 친절하게 알려준다. 오자시키 유흥을 어떻게 하는지 모를 때에는 손님을 일으켜 세워 같이 게임을 한다. 오자시키에 익숙한 고객이 처음 오자시키에 간 고객에게 하나마치의 관습을 가르쳐주기도 한다.

하나마치는 고객을 포함한 관계자 모두가 구성원인 공동체이다. 각 멤버는 서로 정보를 공유하고 평가하는 것만이 아니다. 하나마치의 관습을 알리거나 가르쳐 공감을 이끌어 낸다. 오차야와 오키야의 오카상, 게이마이코, 하나마치에 익숙한 손님들은 초보 고객이 마음 편히 즐길 수 있게 배려한다.

### 매너 교육의 장

손님 중에서 오차야의 오카상에게 혹은 경험이 풍부한 게이코에게 아들의 매너 교육을 부탁하는 경우도 있다. 유명 기업의 사장이 후계자인 아들을 오차야로 데리고 와 "오카상, 내 아들인데 좀 돌봐줘!"라고 부탁하기도 한다. 슈쿠보 오차야의 오카상이라면 안심하고 아들의 매너 교육을 맡겨도 된다는 생각에서다. 경영수완만이 아니고 제대로 된 매너를 몸에 익히는 일도 중요하기 때문이다.

하나마치는 기본적으로 연회의 장소 혹은 유흥의 거리다. 하지만 깊이 들여다보면 고객이 교양 있는 성인답게 행동하도록 하는 교육의 장이기도 한다. 하나마치의 여성들은 단순히 오자시키 유흥의 기본을 가르쳐주는 것만이 아니다. 기품있는 매너와 교양을 비롯해 원활한 대인관계와 능숙한 커뮤니케이션 방법을 가르쳐준다. 교토 하나마치에서는 비즈니스 세계에서 살아가기 위한 매

오자시키는 고급 접대 및 연회의 장소다. 게이코는 오자시키에 참석한 손님을 위해 기예를 선보이고 이야기를 나눈다. 연회에서는 전통예술과 다도, 시사문제, 문학, 음악 등 수준 높은 대화가 오간다.

너 교육을 자연스럽게 습득할 수 있다.

고객이 다른 오차야에서 부적절한 행동을 하면 슈쿠보 오카상의 귀에 바로 들어온다. 그럴 때 오카상은 "무례한 행동은 하지 마십시오"라고 고객에게 부드럽게 요청한다. 고객의 요구에 최대한 맞추는 것이 신조인 하나마치지만, 터무니없는 억지를 부릴 때에는 적절한 충고를 넌지시 건넨다.

블랙리스트에 오른 고객 정보는 오차야, 오키야, 게이마이코, 출입하는 요릿집 등 관련업자들에게 전달된다. 반대로 "저 손님은 확실한 분입니다. 오자시키에서 매너도 좋아요" 같은 좋은 정보도 하나마치 네트워크를 통해 퍼진다. 하나마치에서의 평판은 교토

재계 인사들의 인격을 나타내는 바로미터로 평가되고 있다.

　기업고객일 경우, 특정 사원이 오자시키에서 부적절한 행위를 하면 오카상이 그 사원의 출입금지를 해당 기업에 부탁한다. 오차야 오카상의 불평 때문에 시골로 좌천된 사원도 있다고 한다.

　돈과 지위만으로 하나마치에서 존경받는 일은 없다. 하나마치는 인간미와 도량까지 겸비한 성인들의 수련장이다. 경험이 풍부한 대인관계의 프로들인 오차야의 오카상이나 베테랑 게이코에게 지속적으로 접대받는 일은 고객 자신의 매너 함양과 연결되어 있다. 하나마치 특유의 '접대'를 잘 이해하는 좋은 고객을 만든다.

# 지갑이 필요 없는 신용거래

하나마치에서 고객은 지갑이 필요 없다. 고객이 오차야를 이용한 대금은 후지급이다. 실제로 오차야를 이용하는 사람이라면 후정산이 매우 편리한 시스템인 것을 알 수 있다. 거래처 접대 시 계산이라는 행위가 없어 접대받는 쪽도 부담이 없다. 사실 이러한 결제 시스템을 일반인이 납득하기에는 다소 무리가 따를 수 있다.

필자의 친구나 지인의 경우도 오차야에 가고 싶은데 어느 정도의 돈이 필요한지 물어본다. "결제는 그때 안 해도 되니까 돈은 지금 신경 쓰지 않아도 돼. 상황에 따라 조금 다르지만 1~2개월 뒤에 청구서가 올거야. 그때 지급하면 돼"라고 하면 "왜 바로 계산하지 않아?"라고 놀란다. "불안하니까 바로 계산하면 안 돼? 도대체 왜 바로 계산할 수 없는거지?" 등의 질문도 많다. 이러한 질문에 대한 대답은 교토 하나마치의 거래관행에서 중요한 실마리를 찾을 수 있다.

교토 하나마치는 고객이 일본 전통문화가 기반이 된 최고의 접대 서비스를 받고 또 즐길 수 있는 장소다. 또한 게이마이코와 오차야의 오카상에게는 자신들의 서비스를 제공하고 그 대가를 받는 비즈니스 장소이다. 어떠한 비즈니스든 각각의 비즈니스에 어울리는 적당한 거래의 룰이 있다.

하나마치의 비즈니스는 오차야가 중요한 열쇠를 쥐고 있다. 고객과 게이마이코를 연결하고 장소를 제공하며 요리를 구상하는 일이 오차야에서 이루어진다. 오차야의 오카상은 아름다운 기모노를 입고 교양 있는 행동과 나긋나긋한 교토 사투리를 사용한다. 접대 장소를 총괄하고 오자시키에 제공하는 서비스를 코디네이트한다. 말하자면 오차야의 오카상은 오자시키와 관련된 모든 서비스를 총괄하는 디렉터인 것이다.

### 거래 관행으로 본 고객과의 관계

하나마치의 장기결제 방식은 고객의 신용을 바탕으로 성립한 시스템이다. 에도 시대부터 시작된 거래방식은 지금도 변함없이 지속되고 있다. 하나마치에서는 신용카드 결제도 불가능하다. 한도가 큰 카드라 할지라도 교토 하나마치에서는 무용지물이다. 그렇다면 왜 교토 하나마치는 시대에 역행하는, 그야말로 불편하기 짝이 없는 결제제도를 고집하는 것일까.

전통을 중시하는 교토 하나마치의 오차야는 신용카드의 신용도보다 고객의 신용을 우선하고 그 자리에서 돈이 오가는 것을 수치스럽게 여긴다.

오차야에서 가장 중요한 것은 고객의 신용정보 축적이다. 신용카드로 결제하면, 고객의 귀중한 정보가 신용카드회사로 넘어간다고 여긴다. 오차야 단골손님들은 대개 몇 대에 걸쳐 한 곳의 오차야를 이용하는 경우가 많다.

또 이러한 결제 관행은 고객과 한 번이라도 더 접촉할 수 있는 계기도 마련해준다. 가령 오자시키에 왔던 고객이 "오카상, 저번 것 입금했어요. 신세졌습니다"라고 말하면 "항상 정확히 해주셔서 감사합니다. 그런데 저번에 불렀던 게이코는 어땠나요? 요리도 조금 바꾸어보았는데 입에 잘 맞으셨어요?"라고 오카상은 자연스럽게 고객의 대답을 유도한다. 결제 후 속마음을 털어놓기 쉬운 심리를 이용해 적극적이지만, 티를 내지 않고 고객의 취향을 파악하려고 노력한다.

이처럼 오카상은 장기결제 시스템을 통해 고객의 지갑 사정을 감지한다. 외상거래로 고객의 본심 파악도 가능하다. 이러한 정보가 쌓이면 고객이 게이마이코를 보는 눈, 기예를 파악하는 능력과 취향까지 알 수 있다. 다만 청구서를 지참하고 직접 수금하던 과거에 비해 우편이나 계좌이체로 결제하는 오늘날은 정보 수집력이 다소 떨어진다고 한다.

단골손님은 오차야에서 마음 편히 쉴 수 있다. "안녕, 오카상 있어요? 나 들어갑니다"라고 제집처럼 들어오기도 하고 "다녀왔습니다"라며 오차야의 격자문을 열고 들어오는 고객도 있다. 이처럼 오차야는 '처음 오는 손님은 거절'하는 관행 때문에 첫 출입이 힘든 것이지 친근해지면 매우 편안한 곳이다.

오차야에서 제공하는 고객 접대 서비스는 게이마이코의 기예와 교토 향토요리가 중요한 포인트이다. 오차야의 서비스에 만족해야만 고객은 계속 오차야를 이용한다. 단골이 "게이코도 요리도 아무것도 필요 없고 잠깐 낮잠 좀 재워줘요"라고 말할 정도의 친밀한 관계는 오랜 기간 축적된 신뢰에서 비롯된다. 특정 고객과 긴밀한 관계를 유지하는 슈쿠보는 교토 하나마치의 전통과 더불어 상승효과를 일으킨다. 고객의 잠재적 요구를 보다 정확하게 파악하는 일이 가능하기 때문이다.

오차야는 고객과의 거래실적, 제공하는 서비스 내용, 친밀도에 따라 청구가격과 시기를 정한다. 후정산은 우량고객과 안정적인 거래관계를 유지하는 비결이다 표 3-2.

### 현금 거래와 단기결제

오차야는 고객과는 장기결제 및 후정산 시스템이지만 관련업자들과의 결제는 어떤 방식일까? 고객으로부터 현금이 들어오기까

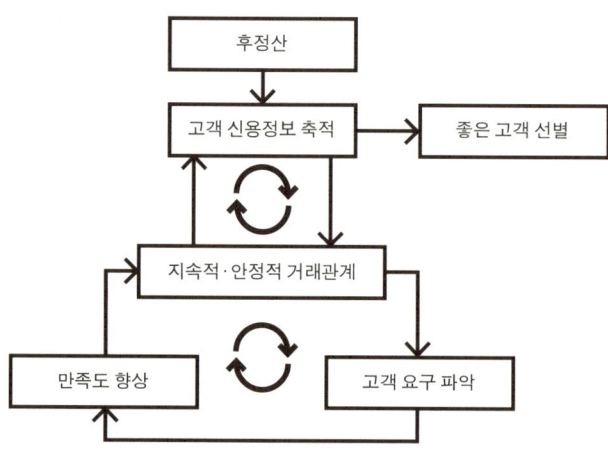

표 3-2 후정산의 합리성

지는 보통 수개월의 시간이 걸리기 때문에 결제도 당연히 이와 연동해서 장기결제일 것이라고 생각할지 모른다. 그러나 오차야의 결제는 통상적으로 1개월 단위다. 요릿집과 꽃집, 부채집 등 오차야 거래처 사장들은 하나같이 입을 모아 "결제는 정확하다"라고 말한다.

하나마치 관련업자들은 노포老舖, 대대로 가업으로 내려온 점포가 많다. 그렇다보니 오차야와 오랜 기간 거래한 곳들이 많다. 오차야에서 물품이나 요리를 주문할 때 오카상은 여러 업자들로부터 견적서를 받지 않는다. 오카상이 "항상 부탁하던 것"이라고 말하면 "네, 감사합니다. 알아서 하지요"라고 대답할 정도로 장기거래처 한두 곳에서만 주문한다.

결제 및 대금 정산도 고객과는 정반대인 단기결제다. 노포인 부채집 사장도 "오차야 오카상의 결제는 매우 정확하다"라고 말했다. 부채를 납품할 때 납품서와 청구서를 놓고 가면 오카상으로터 "○○일에 돈 받으러 오세요"라는 연락이 온다. 부채집에서 지정한 날짜에 오차야를 방문하면, 오카상은 반드시 현금으로 결제한다. 만약 부채집이 "사정이 있어 그날 수금을 갈 수 없다"라고 하면 오카상은 불쾌해한다. "일부러 정확히 지급하려고 연락한 것인데 지정한 날에 반드시 왔으면 좋겠어요. 우리는 별로 급하지 않지만 통보한 날 제시간에 오지 않으면 화가 나는 때도 있어요. 오차야는 여자들만 있는 곳인데 사람들에게 바보 취급 당하지 않으려고 정확히 결제하고 싶습니다." 오차야의 오카상이 결제에 얼마나 신경 쓰는지 알 수 있는 말이다. 정확한 결제로 외부의 신용을 지키려고 한다.

오카상은 업자가 제공하는 서비스나 물품의 질을 항상 체크한다. 제공 내용에 불만이 있거나 기대를 저버리는 일이 계속되면 선대부터 계속 거래했다 하더라도 냉정하게 중단한다. 거래 중단이라는 사태가 벌어지면, 즉시 다른 업자와 거래할 수 있게 평상시에 결제를 확실히 해두는 것이다. 실제로 오카상은 마음에 들지 않는 업자가 생기면, 몇십 년간 거래한 곳이라도 거래를 즉시 중단한다.

오차야 오카상은 업자들이 제공하는 서비스와 제품의 질을 어떻게 판단할까. 요릿집 사장이 오차야 오카상에게서 불만의 목소리를 들었을 때, 왜 그렇게 되었는지 타당한 이유가 있어도 핑계 대지 않는다. 무조건 "죄송합니다. 다음부터 조심하겠습니다"라고 말해야 한다. 그러면 오카상은 부드러운 목소리로 "그럼 다음엔 잘 부탁해요"라고 대답한다.

　납품업자이니까 고객인 오차야에게 무조건 맞춰야 한다는 요구가 아니다. 다음에 같은 요리를 주문했을 때 제대로 된 것을 가져와 달라는 확인이다. 업자는 오카상이 요구하는 서비스의 수준이 어느 정도인지 재빠르게 파악해야 한다. 그리고 다음에 오카상의 기대에 부응하는 상품과 서비스를 제공해야 한다. 말로만 대답하고 다음에도 같은 일이 반복되면 오카상은 이 정도 수준밖에 안 되는 업자라고 생각하고 거래를 중단한다.

　오차야의 오카상은 오자시키에서 제공되는 모든 서비스의 품질을 책임지고 있기에 자신이 의뢰한 업자로부터 만족스럽지 못한 서비스를 제공받았을 경우, 업자가 무리한 상황이었다고 이의를 제기하면 오카상은 자존심에 큰 타격을 받는다. 오차야의 모든 일을 책임지고 있는 자신의 존재 전체를 흔든다고 생각하기 때문이다. 따라서 '잘 부탁해요'라는 짧은 말 속에는 이러한 모든 것들이 함축되어 있는 것이다.

　오카상은 자신의 수준을 이해하는 업자와 거래를 지속한다. 오차야 오카상은 자신의 미의식이나 수준을 만족시킬 수 있는 업자와의 거래를 결정하고 결정적인 과실을 저지르지 않는 한 거래를 지속적으로 유지하는 것이 하나마치의 관례이다. 일단 오차야의 오카상의 눈에 들면, 장기거래가 이루어지고 매우 돈독한 관계가 된다. 가격 차이를 들어 쉽게 거래처를 바꾸지도 않는다. 하지만 오차야 오카상의 성에 차지 않으면 오래된 거래라 해도 과감하게 정리한다.

하나마치와 관련된 대부분의 업체들은 최고의 서비스 수준을 목표로 노력한다. 오차야 오카상의 요구에 부응하는 능력이 있어도 오카상의 의향과 서비스 수준, 오차야의 상황을 파악하지 못하면, 실력이 아무리 뛰어나도 거래 대상이 되지 못한다.

## 게이마이코의 영업

　오차야 오카상에게 게이마이코는 하나마치에서 함께 생활하는 유사가족인 동시에 서비스를 사들이는 거래처이기도 하다. 오차야 오카상에게는 게이마이코의 서비스도 판단 대상이 된다. 마이코가 데뷔하는 날인 '미세다시' 때는 마이코가 소속된 하나마치 오차야를 하나씩 돌며 "잘 부탁합니다"라고 인사한다. 단순히 하나마치 공동체의 멤버가 되었다는 인사라기보다는 영업의 의미가 강하다. 마이코 데뷔는 곧 영업 활동의 시작이기도 하기 때문이다.
　오차야 오카상은 마이코의 기량과 자질, 성격을 파악하기 위해 1년 정도 세심한 부분까지 일일이 체크한다. 따라서 초보 마이코 때는 오카상과 오네상의 얼굴을 기억할 수 없다. 기모노 차림의 여자에게는 무조건 인사한다. 기예가 미숙한 신인 단계에서는 좋은 이미지를 만들고 오카상에게 귀여움을 받는 것이 중요하다. 인사라도 열심히 해서 예의 있는 마이코임을 인정받는 것이 유리

하다.

하나마치에 따라 마이코의 영업 전략은 다소 차이가 있다. 데뷔 후 6개월~1년 동안은 오자시키에 부르지 않아도 매일 자신이 소속된 오차야를 돌면서 환한 미소로 "잘 부탁합니다"라고 인사한다. 고객이 오자시키에 자주 불렀던 마이코를 더 이상 부르지 않으면 "요즈음 ○○ 씨 오십니까? 오카상, 제가 부족해서 고객께서 불러주지 않는 것인지 신경이 많이 쓰입니다"라고 자신을 반성한다.

교토 하나마치의 오차야는 다른 하나마치의 게이마이코를 부를 수 있다. 자신의 오자시키에서 견습한 게이마이코와 자신이 소속한 하나마치의 게이마이코를 부르는 게 일반적이긴 하다. 하지만 고객에게 최상의 서비스를 제공하기 위해 다섯 개의 하나마치 전체에서 가장 적합한 게이마이코를 선택하기도 한다. 엄밀히 말하자면 게이마이코 역시 오차야 오카상과 거래하는 업자 중 하나라고 할 수 있다.

오차야 오카상은 게이마이코의 영업력을 평가하고 오자시키에서 제공하는 서비스의 품질도 체크한다. 어떤 장소에서든 게이마이코의 태도와 기량을 직접 확인하려 한다. 하나마치에서 개최하는 춤 공연 같은 이벤트와 일상생활에서의 태도도 눈여겨본다. 무대에서는 기예의 기본을 살핀다. 평상시에는 예절과 하나마치 규범을 잘 지키고 있는지를 주시한다. 또한 다양한 네트워크를 이용해 마이코의 정보를 입수한다. 가령 게이마이코가 출장 가는 요릿집의 오카미女将, 여사장에게서도 게이마이코에 대한 평가정보를 얻는다. 말이나 행동에 문제가 있다고 생각하면 직접 주의를 준다든가 그 마이코의 오네상에게 이야기해 바로잡도록 한다. 이렇듯 오카상은 무대에서는 물론 무대 뒤의 게이마이코의 태도를 항상 주시한다.

마이코 양성에는 견습 오차야의 오카상도 적극적으로 관여한다. 견습 마이코의 수준 향상을 눈여겨 살핀다. 그렇지만 오차야 오카상에게는 게이마이코 양성에 대한 직접적인 책임은 없다. 게이마이코의 행동에 문제가 있으면 다음부터 부르지 않으면 그만이다. 하지만 자질이 부족한 게이마이코를 부른다면 곧바로 서비스의 질이 저하된다. 이는 또 고객만족과도 연결된다. 오차야의 오카상에게는 게이마이코의 수준이 서비스의 질을 결정하는 가장 중요한 요인인 것이다. 그렇기에 오차야의 오카상은 오자시키는 물론 일상생활과 여러 행사를 통해 게이마이코의 생활을 체크하고 자질 향상에 신경 쓴다.

### 기능별 최적의 분업 시스템

하나마치 거래의 중심은 단연 오차야다. 오차야 오카상의 주요 업무는 오자시키를 코디네이트하는 것이다. 고객의 요구와 정보를 바탕으로 관련업자에게 콘텐츠를 주문하고 적절히 배치하여

표 3-3 오차야를 중심으로 한 거래관계

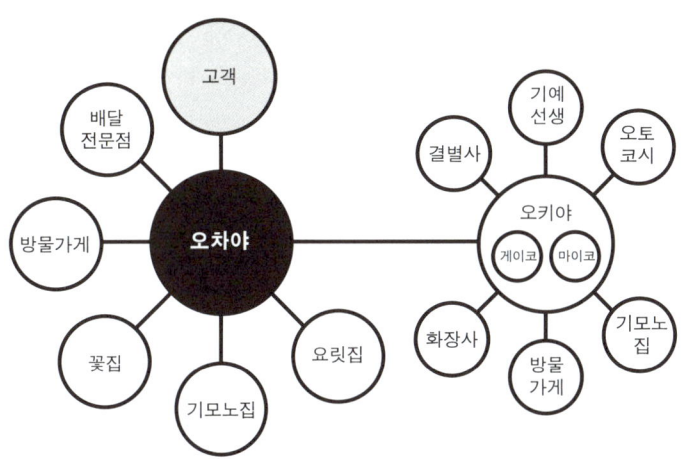

'고객 접대'를 완성한다. 오차야의 오카상은 고객의 취향, 계절, 이용 목적에 맞추어 요릿집이나 배달요리점에 음식을 주문한다. 게이마이코를 선정하고 독자적인 감성으로 코디네이트하여 고객에게 맞춤형 접대 서비스를 제공한다. 오차야 오카상은 축적된 고객 정보와 경험을 바탕으로 오자시키에 제공하는 서비스와 물품을 구입한다.

하나마치는 전문가 집단의 분업을 기반으로 오차야 중심의 거래 시스템을 구축한다표 3-3. 오차야의 기본적인 서비스는 게이마이코, 오키야, 료리야요릿집, 배달전문점, 꽃집으로 구성된다. 이 외에 기모노 집, 방물가게화장품, 바느질 기구, 패물 따위의 물건을 파는 가게_옮긴이가 더해진다. 게이마이코에게는 오토코시기모노 입히는 사람, 화장사

化粧師, 메이크업 담당자, **결발사**結髮師, 가발을 올려주거나 머리 묶어주는 헤어 담당자, 기예 선생 등이 서로 연결되어 있다. 하나마치는 이렇듯 여러 관련자들과 고객이 오차야를 중심으로 연결되어 하나의 비즈니스로 완성된다. 하나마치 전체를 보면 각 업자가 하나의 조직같이 유기적으로 연관하여 공동체를 형성하고 공존하는 양상인 것이다.

오차야 오카상은 게이마이코를 포함한 이러한 전문업자들의 수준을 체크하고 서비스와 물품에 대한 구매 여부를 결정한다. 고객의 니즈와 원츠를 예상해 제공할 서비스를 준비한다. 고객에 따라 정보를 취사선택하고 지속적인 고객 관리를 통해 서비스 품질을 향상시킨다.

고객이 오차야를 방문하는 이유는 특별한 접대 서비스를 제공받기 위해서다. 그렇기에 오카상은 고객의 기대에 부응하는 최상의 서비스를 제공하기 위해 철두철미하게 준비하고 노력한다. 경우에 따라서는 이익이 나지 않더라도 고객의 요구에 대응한다. 고객의 무리한 요구도 가급적 수용한다. 단기적으로는 손해를 보더라도 지속적인 거래관계를 유지하는 것이 장기적 관점에서 더 큰 메리트가 있다고 생각하기 때문이다. 좋은 고객과 좋은 관계를 유지하는 것이 오차야의 오카상에게는 무엇보다 큰 재산이다.

오차야 오카상은 고객의 반응을 보고 자신을 점검하고 평가한다. 이는 오차야 오카상의 의무이기도 하다. 자기 실력이 뒷받침되어야 거래업자들을 컨트롤할 수 있기 때문이다. 오차야 오카상은 서비스 구성 요소를 분해하는 언번들링unbundling(전문업자의 분업)과 서비스를 다시 재조합하는 리번들링rebundling(오차야의 코디네이트)의 메리트를 살려 최상의 서비스를 제공한다. 이러한 엄격한 룰이 하나마치 비즈니스 시스템의 골격이다.

## 성과와 역량중심의 경쟁 시스템

오비를 길게 늘어뜨리고 걸을 때마다 스치는 옷 소리가 사랑스러운, 앳된 얼굴의 마이코가 오차시키에 나타나면 금세 분위기가 밝아진다. "잘 오셨습니다"라는 교토 사투리 특유의 나긋나긋한 말투에서는 품위가 느껴진다.

게이마이코는 고도의 기예로 무장한 전문직 여성들이다. 게이마이코를 양성하기 위해 하나마치의 많은 사람들이 시간과 돈을 투자한다. 고객이라고 예외는 아니다. 갓 스무 살이 된 게이코가 "기예에 완성은 없다"라며 오자시키에서 바쁘게 일하는 가운데서도 불철주야 기예를 연마한다. 물론 개인의 노력에는 한계가 있다. 게다가 매일 오자시키에서 일하는 신인이 혼자서 기예를 연마하는 일도 매우 어렵다. 자신의 기량을 수시로 점검한다는 것 역시 쉽지 않다.

그러나 하나마치의 경쟁력은 곧 게이마이코의 경쟁력이다. 하나마치만의 게이마이코 평가 노하우를 살펴본다.

### 신년 개학식

교토의 겨울은 추위가 매섭다. 정초 연휴로 인적이 드문 거리에 눈이 흩날리면 정적이 내려앉는다. 고요하기만 한 겨울, 좁은 하나마치의 차가운 돌길 위로 갑자기 활기가 돈다. "새해 복 많이 받으세요" 하며 게이마이코들이 나누는 새해 인사로 하나마치가 떠들썩해진다. 가부렌조로 가는 길은 하나마치의 게이마이코들로 가득하다.

기온코부, 기온히가시, 폰토초, 미야가와초에서는 매년 1월 7일, 가미시치켄에서는 1월 9일에 일본 전통 머리 모양에 벼이삭 장식을 머리에 꽂고 검은색 기모노를 입은 게이마이코들이 신년인사를 하면서 각 하나마치의 가부렌조에 모인다.<sub>마이코의 머리 장식은 계절에 따라 정해져 있다. 벼이삭 비녀는 정월에 장식하는 특별한 것이다.</sub>

게이마이코 최고의 예복인 검정 기모노 차림에 새하얀 목덜미를 드러낸 게이마이코의 모습은 눈부시게 아름답고 요염하다. 그녀들의 아리따운 모습을 촬영하려는 카메라맨들이 길목마다 북적인다. 게이마이코들이 일제히 모이는 이유는 무엇일까.

게이마이코의 최고 예복인 검정 기모노를 입고 있는 마이코(왼쪽)와 게이코(오른쪽).

### 매상 랭킹 발표

매년 정월에는 게이마이코가 재학 중인 뇨코바의 개학식이 있다. 개학식에는 신년에 어울리는 가무공연이 열린다. 그리고 전년도 매상 성적이 좋은 오차야와 게이코, 마이코를 선정해 시상식을 갖는다. 화대에 따라 순위를 매긴 결과를 발표하고 매상 상위 랭킹의 게이코와 마이코는 금색 병풍이 쳐진 단상에서 표창장인 매화장려상을 받는다. 시상식에서는 게이코와 마이코의 구별이 없다. 경력과도 관계가 없다. 현역 게이마이코라면, 15세의 마이코나 90세의 게이코도 같은 조건이다. 현역인 이상 나이에 상관없이 같은 기준으로 평가한다. 철저한 성과주의인 것이다.

매상 실적에 근거한 평가는 게이마이코가 얼마나 오자시키에 불려갔는지 한눈에 알 수 있는 지표다. 신인은 아무래도 영업력이 떨어져 불리하다든가 상위 랭킹에 마이코나 젊은 게이코가 압도적일 것이라고 생각할 수 있다. 물론 한창때인 마이코가 상위를 차지하는 경우가 많은 것은 사실이지만 경험 많은 지카타地方, 오자시키 음악 담당도 상위권에 많다. 게이마이코의 춤을 보기 위해서는 음악을 연주하는 자카타가 반드시 동석해야 하기 때문이다. 매상 성적표는 하나마치 관계자들에게만 공개하고 일반인들에게까지 공표하지는 않는다.

평가 기준인 게이마이코의 화대 매상은 각 하나마치의 '겐방'見番, 화대 등 하나마치의 사무를 처리하는 사무소. 조합이라 부르기도 한다에서 관리한다. 오차야는 자신의 오자시키에 부른 게이마이코의 화대 매상을 겐방에 알리고, 오키야 오카상도 자신의 오키야에 소속된 게이마이코가 어느 오차야의 의뢰를 받고 화대 매상을 얼마나 올렸는지를 겐방에 신고한다. 겐방을 통하지 않는 거래는 일절 인정하지 않는다. 겐방은 화대의 투명성과 공정성을 위한 것으로 덤핑 등 가격 파괴를 방지하기 위한 시스템이다. 또한 화대의 일정금액은 하나마치 조합과 기예 학교 운영비로 배정된다. 따라서 겐방은 하나마치 공동체의 유지와 운영에 없어서는 안 될 중요한 장치다.

오차야와 오키야, 쌍방에서 신고한 화대 매상 정보는 겐방에서 1

년간 기록하고 집계한다. 이를 토대로 정월에 열리는 개학식에서 매상 성적을 발표하는 것이다. 게이마이코의 화대 순위뿐 아니라 오차야의 화대 매상 오차야가 게이마이코에게 일을 의뢰한 횟수늑오차야의 매상 규모도 발표된다. 오차야 화대 랭킹은 오차야 오카상의 성적표인 셈이다.

### 평가 정보의 분석과 공유

개학식장인 가부렌조에는 각 하나마치의 게이마이코와 오카상이 총출동한다. 상을 받은 오차야와 게이마이코의 명단이 순위와 함께 순식간에 하나마치에 알려진다. 교토 하나마치에서는 같은 시기에 개업식을 하기 때문에 다섯 개 하나마치의 성적은 동시에 모든 하나마치에 알려진다.

순위는 입체적인 정보로 전달된다. 예컨대 "○○, 작년에는 열심히 했네"라는 짧은 말 속에 마이코와 게이코 화대 매상의 변화를 알 수 있다. "○○은 마이코가 된 지 1년도 안 되었는데 이름이 있네. ○○은 소속 오키야와 오차야의 발이 넓어 화대가 많아졌네"라고 게이마이코가 소속한 오키야 및 오차야의 정보까지 알려진다. 게이마이코들의 화대 이야기는 일견 단순한 잡담같이 보이지만 예리한 분석이 바탕이 되어 있다. 오차야의 영업이 본격적으로 시작되면 매상 성적 및 순위가 단골손님들에게도 공유된다.

화대 매상 합계라는 평가지표는 매우 단순하지만, 투명하기 때문에 이를 기초로 여러 가지 분석이 가능하다. 게이마이코의 주변 상황을 참작한 상세한 분석 정보가 오간다. 그리고 이러한 정보들은 반드시 본인의 귀에 들어간다. 해당 게이마이코는 랭킹 퀸이 되었다고 마냥 기뻐해서는 안 되며 자신을 둘러싼 갖가지 정보에 귀 기울이며 겸손하게 조언을 받아들여야 한다.

 "잘나가는 언니가 그만두어서 제가 들어갈 수 있었어요. 제가 열심히 한 것은 가끔이었어요. 더 열심히 했어야 표창을 받을 수 있었는데"라고 상위 랭킹의 어느 마이코가 겸손하게 말했다. 그녀는 이번에 처음으로 10위권에 들어갔다고 한다. 18세란 어린 나이를 생각하면 사실 맘껏 기뻐하는 것이 당연하지만, 자신을 냉정하게 분석할 줄 아는 겸손함이 느껴졌다. 좋은 성적을 받았으므로 더욱 분발하여 노력하겠다는 의지도 엿보였다.

# 서비스 테크닉, 자모치

하나마치에서 공개하는 화대 매상에 따라붙는 평가 정보를 통해 하나마치의 거래 흐름을 파악할 수 있다. 즉 어떤 게이마이코를 오자시키에서 자주 부를까, 어떻게 많은 화대 매상을 올리고 좋은 평가를 받는 것일까에 대한 정보를 얻을 수 있는 것이다.

그 키워드는 '자모치座持ち, 흥 돋우기'다. "오자시키에 부른다면 역시 자모치를 잘하는 아이야. 얼굴만 예뻐서는 감흥이 없어"라고 단골들이 말한다. "저 아이는 자모치를 잘해. 오자시키를 맡겨도 돼"라고도 말한다. 이처럼 게이마이코에게는 자모치를 잘하느냐 못하느냐가 평가의 중요한 요소이다.

요릿집에서 게이마이코를 부르는 때가 있다. "고객이 특별히 게이마이코를 지명하지 않으면, 자모치에 능한 게이마이코를 부탁한다"라는 게 요릿집의 오카미여주인의 말이다. 거래하는 오차야에 게이마이코의 선별을 무조건 맡기지 않는다. 게이마이코의 자모치를 평가하여 의뢰한다.

그렇다면 자모치는 어떤 능력일까, 어떻게 해야 자모치를 키울 수 있을까.

센자후다. 2~3센티미터의 다소 작은 크기의 네모난 종이로 지갑에 붙이면 돈이 들어온다는 부적 같은 의미가 있다.

**어느 날의 오자시키**

오자시키에 요리가 준비되고 "건배"라고 외치며 맥주 한 잔을 마시면 연회의 시작이다. 오차야의 연회도 크게 다르지 않다. 다만 고객이 요리를 먹으면서 동석한 게이마이코와 같이 술을 마시고 공연을 본다는 것이 다를 뿐이다.

게이마이코들은 고객 수에 맞추어 맞은편에 앉는다. 고객과 이야기를 하면서 고객의 음주 페이스에 맞추어 대작한다. 술을 따를 때에는 고객의 눈을 보며 "오라버니 드세요" "언니 드세요"라고 다소곳하게 말을 건넨다. 처음 보는 고객에게는 게이마이코의 이름이 적힌 작은 명함 같은 센자후다千社札를 건네며 "○○ 입니다. 잘 부탁합니다. 오라버니는 어디서 오셨습니까?"라고 인사를 한다.

게이마이코는 고객과 대작하면서 술이 얼마나 남아 있는지를 항상 살피고 술이 떨어지지 않게 다음 술을 준비한다. 술을 따를 때 술병 뒷부분의 높이가 올라가면 술이 얼마 남지 않았다는 증거다. 자신 앞의 술병만이 아니고 선배 게이마이코가 술을 마시는 상황을 보면서 센스 있게 술을 준비하는 것도 초보 마이코가 해야 할 일이다.

고객이 즐거워하는 오자시키 분위기를 만드는 일은 게이마이코의 중요한 역할이다. 연회의 진행과 고객의 식사 속도에 맞추어, 비운 접시들은 적절한 순간에 치운다. 바쁠 때는 직접 요리를 운반하기도 한다. 과묵하거나 낯을 가리는 고객에게는 자주 말을 걸어 연회 분위기가 가라앉지 않게 한다. 고객이 술을 마시는 속도가 느려지거나 별로 술을 마시지 않으면 "차는 어떠신가요? 뜨거운 것과 차가운 것이 있습니다"라고 다른 사람이 눈치 채지 못하게 살짝 물어본다.

게이마이코는 고객의 요구가 무엇인지를 빠르게 파악해야 한다. 어떻게 하면 고객을 최대한으로 편하고 즐겁게 할 수 있을지를 생각하면서 행동하는 것이 중요하다.

### 자모치 키우기

오자시키에서 정해진 업무는 없다. 게이마이코는 오차야 오카상의 지시만으로 고객을 접대하지 않는다. 대부분의 오자시키는 게이마이코들만으로 연회를 이끌어간다. 사전에 손발을 맞추는 일도 없다. 오자시키로 가기 전까지 어떤 게이마이코와 같이 동석하는지 알지 못한다. 대부분의 오자시키는 단골이 새로운 고객을 데리고 오기 때문에 게이마이코들도 고객 전부를 아는 일은 드물다. 그렇기에 그때그때의 오자시키 상황을 파악하고 거기에 맞추어 행동한다. 연회 중간에 어떤 춤을 출지, 춤이 끝나면 어떤 게임을 할 것인지를 스스로 정한다. 게임은 고객의 의견을 참고하고 인원수나 오자시키의 크기를 고려하여 결정한다.

　노련한 게이마이코들은 오자시키의 목적, 참가자 상태, 연회장 크기와 인원수, 요리 구성가이세키요리에서 튀김요리가 나올 때가 되면 춤 등 예기를 펼친다는 룰이 있다 등 고객 접대를 구성하는 모든 조건을 고려하고 나서 자신과 동석하는 게이마이코의 실력을 파악해 구체적인 서비스를 구상한다.

　한마디로 자모치란 오자시키에서 고객의 기분과 분위기를 파악하고 적절한 서비스순간의 대화, 티 안 나는 배려, 분위기에 맞춘 기예의 공연들을 적절하게 어울리게 하는 일를 제공하여 연회장을 부드럽고 즐겁게 이끌어 나가는 능력이다. '자모치'는 또한 게이마이코의 평가기준으로, 자모치 능력이 오자시키에 나가는 여부를 결정짓는 중요한 기준이 된다표 3-4.

　게이마이코의 자모치 능력은 생각보다 단기간에 만들어진다. 초보 마이코가 하루 세 곳의 오자시키를 1년간 돌면 연간 약 1천 회 정도가 된다. 매일 다른 오자시키에서 경험을 쌓을 수 있어 분위기를 파악하고 행동하는 능력은 1년만 지나도 습득할 수 있다. 더욱이 게이마이코는 오차야 오자시키, 요릿집 오자시키, 호텔 연

표 3-4 자모치의 구성 요소

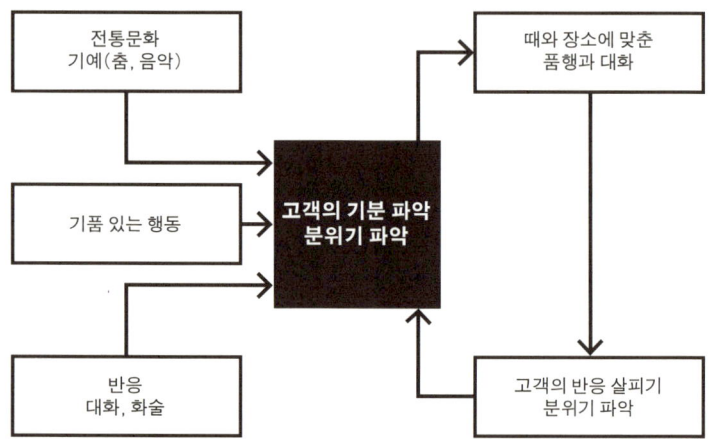

회장 등 다양한 장소에서 경험을 쌓는다. 질적인 면과 양적인 면에서 풍부하고 뛰어난 자모치 능력을 키울 수 있다.

  고객을 포함하여 하나마치에 관여하는 모든 사람이 게이마이코의 자모치 능력을 중요하게 여긴다. 고객은 "자모치가 좋은 아이를 원해. 역시 언니 게이코가 오면 오자시키가 재미있어"라며 게이마이코의 자모치 능력을 높이 산다.

# 마이코다움과 게이코다움

마이코의 마이코다움, 게이코의 게이코다움. 이는 교토 하나마치를 지탱하는 중요한 요소다. 머리 모양과 장식법, 계절에 맞춘 기모노와 오비, 단정한 옷매무세에서 고전적인 미의식을 느낄 수 있다. 오늘날 마이코는 일본 전통문화의 상징이자 교토 관광의 핵심이다.

### 마이코의 외모

게이마이코는 특유의 화장법이 있다. 미세다시<sub>마이코로 처음 데뷔하는 일</sub>와 에리가에<sub>마이코에서 게이코가 되는 것</sub>, 춤 공연 등 특별한 날에는 게이마이코 전문 화장사의 도움을 받지만 평상시는 스스로 화장을 한다.

마이코의 화장은 눈초리와 입꼬리를 확실히 강조하지 않고 희미하게 그려 앳된 이미지를 연출한다. 성인 여성과 달리 10대 소녀의 귀여움과 사랑스러움을 끌어내는 화장으로 마이코답게 만든다. 요즘 마이코들은 마이코가 되기 전에 이미 화장을 해본 경험이 많다고 한다. 그래서 하얀 분을 바르고 눈가에 마스카라를 듬뿍 바른다든가 아이라인을 굵게 그리는 마이코도 있다. 전문 화장사가 보면 마이코에 어울리지 않는 화장법이다. 노포 요릿집 경영자는 "마이코는 귀여운 맛이 있어야 좋아요. 미인도 너무 요란한 화장을 하면 마이코답지 못하지요"라고 했다.

게이코는 게이코답고, 마이코는 마이코다워야 한다. 마이코에 어울리지 않는 화장이나 행동은 금물이다. 마이코다운 마이코가 되는 일도 중요하다.

### '에에베베'를 입는다

하나마치에 처음 들어온 소녀들은 기모노를 입을 수 있는 것만으로도 기뻐한다. "기모노가 입고 싶어서 마이코가 되었다"라고 말할 정도다. 마이코 생활에 익숙해지면 기모노 중에서도 '에에베베ええべべ, 어린이용 새 기모노'를 입고 싶어 한다. 에에베베를 입으면 마이코의 사기가 올라간다.

사실 오키야에서 질이 떨어지는 의상을 받은 마이코는 아무리 자모치를 잘해도 교토 지방 섬유업자가 모이는 연회에서 불러주

마이코는 복장과 의상에 있어서 어린 소녀를 상징하는 것이 게이코와 구별된다. 사진제공 교토시관광가이드(www.kyoto.travel/kr)

지 않는다. "마이코는 일정 수준 이상의 기모노를 입어야 한다"라며 오자시키에 불러주지 않는 것이다.

그러나 오키야 나름의 사정도 있다. 마이코의 의상은 계절에 맞추어 입어야 한다. 1년 입을 의상을 전부 준비하려면 수천만 엔이 들어간다. 얼룩이 생기고 찢어지는 일이 발생하면 계속 입을 수도 없다. 따라서 기모노에 익숙하지 않은 초보 마이코에게 새 기모노를 입힌다는 것은 오키야 입장에서는 비용 부담이 너무 크다. 많은 시간과 비용을 들여 양성한 마이코가 데뷔 후 바로 그만두면, 고액의 기모노와 오비 역시 허사가 되어 마이코에게 투자한 비용을 회수할 방도가 없다. 마이코는 한 명씩 키우기 때문에 다음 마이코를 육성하는 1~2년간은 준비한 의상이 아무런 소용이 없게 된다. 마이코가 넨키 도중에 그만두기를 반복하면, 오키야는 경제적으로 큰 어려움에 처하게 되고 그렇기에 의상에 대한 신규투자를 꺼리게 된다.

이러저러한 이유들로 인해 모든 마이코가 에에베베를 입을 수 없는 것이다. 그럴 경우 마이코는 기죽지 말고 빨리 지마에 게이코가 되어 본인이 직접 좋은 기모노를 사 입으면 된다.

특히 게이코는 성인여성으로 아름다움과 실력을 모두 겸비하고 있어야 한다. 마이코 때와 달리 기예의 프로페셔널인 그녀들은 엄격히 기예를 연마한다. 이뿐 아니라 지마에 게이코가 되면 영업에 더욱 신경을 써야 하고 의상 투자에도 게을러서는 안 된다. 게이코다움이란 기예와 아름다움, 이 두 가지가 완벽하게 조화를 이루는 것을 말한다.

### 격려와 배려

오자시키에서 전통기예를 펼치고, 능숙하게 자모치를 발휘하는 게이마이코. 하나마치의 여러 구성원이 그녀들을 다양하게 평가하고 노력을 촉진한다표 3-5. 게이마이코를 철저하게 평가해 그 결과를 반영하는 성과주의다. 게이마이코가 결과를 받아들이고 노력하게 한다. 하나마치에서는 '힘내라'라는 말이 자주 쓰인다. 인사하러 온 마이코에게, 오차야의 오카상이 건네는 말이 '힘내라'이다. 윗사람이 아랫사람에게 건네는 때가 많다. 이 말에는 깊은 의미가 담겨져 있다. 단순하게 힘내라, 노력하라는 뜻이 아니고 '모두 항상 너를 보고 있으니 힘내. 해이해지지 말고 항상 노력해야해. 물론 나도 항상 너를 지켜보고 있단다. 나도 노력해왔고 지금부터도 노력할 거야'라는 숨은 뜻을 함축하고 있다. 이 말을 들은 마이코는 "감사합니다"라고 짧게 대답하지만 이면에는 '항상 신경 써주셔서 정말로 감사합니다. 열심히 노력하겠습니다. 유심히 봐주시고 무언가 미흡한 부분이 있으면 지적해주세요. 앞으로 잘 부탁합니다'라는 마음이 담겨 있다.

교토 하나마치의 철저한 능력 평가와 엄격한 성과주의는 사실

**표 3-5 게이마이코의 기능과 형성에 관계하는 사람들 및 역할**

| | | 광의의 기능 | | |
| --- | --- | --- | --- | --- |
| | | 협의의 기능 | | |
| | | 기본 기능 | 순발력 | 규범 |
| 관계자 | | 일본 전통무용 샤미센, 나리모노(샤미센을 제외한 악기), 피리, 노래(장패·도키와즈·지패·소패·단패), 다도 | 장소에 맞춘 기예 시연, 순발력 있는 고객 접대, 분위기 파악 | 품행, 교토 사투리, 화장, 머리 모양, 기모노, 하나마치 관행, 예의 범절 |
| 고객 | | 평가 | | |
| 고객(단나상) | | 평가·육성 | | |
| 유사가족 | 오카상 (오차야) | 평가·육성 | 평가·지원·육성 | 모범·평가·지원·육성 |
| | 오카상 (견습 오차야) | 평가·육성 책임 | 평가·지원·육성 책임 (조금 무거움) | 모범·평가·관리·지원·육성 책임(조금 무거움) |
| | 오카상 (오키야) | 평가·육성 책임 (조금 무거움) | 지원·육성 책임 | 모범·평가·관리·지원·육성 책임(무거움) |
| | 오네상 (술잔 언니) | 평가·육성 책임 (무거움) | 모범·지원·육성 책임 (무거움) | 모범·평가·관리·지원·육성 책임(무거움) |
| | 오네상 | 모범·지원·육성·경쟁 | | 모범·평가·지원·육성 |
| | 동료 | 모범·지원·경쟁 | | |
| 학교(선생) | | 기본교육 책임 (전체 틀 지도) | 경험이 없어 지도 불가 | 모범·평가·육성(중요) |

학교에서는 예의범절, 교토 사투리, 하나마치 서열에 기초한 행동거지 등의 규범도 배운다.

상대를 깊이 생각하는 배려의 정情이 지지대가 되어준다. 그렇기에 가르치는 쪽과 배우는 쪽 모두에게 동기부여를 해주며 하나마치를 살아 움직이게 한다.

| 인사이드 하나마치 |
## 미키마우스, 키티, 그리고 마이코

마이코는 교토의 대표 캐릭터다. 마이코의 존재를 미국 문화의 상징 '미키마우스'와 비교해보자. 미키마우스와 마이코는 나이와 국적, 성별을 불문하고 인기 있는 캐릭터다. 미키마우스와 마이코의 공통점은 비단 귀여움만이 아니다. 둘 다 고객의 요구에 맞추어 융통성 있게 변화했다.

디즈니의 간판인 미키마우스는 1928년 탄생한 이래 시대의 흐름에 따라 모습과 캐릭터가 변화되었다. 마이코의 경우 의상은 백 년 이상 변화가 없지만, 오자시키라는 온실 안에 조용히 있었던 존재에서 고객과 대화를 나누고 최근에는 외국 고객을 맞이할 수 있도록 영어회화도 공부한다. 변화를 거부하는 것 같지만, 시대의 흐름에 맞춰 변화를 택한 것이다.

귀여운 캐릭터의 대표주자로는 일본에서 탄생해 글로벌 스타가 된 '키티'가 있다. 1974년 탄생한 이래 세계 60개국 이상에서 팔리는 키티도 시대에 발맞춰 변화했다. 디자이너만 3대째다. 키티는 미키마우스와 크게 다른 점이 있다. 관광지에서 팔리는 '지역 키티'가 바로 그것이다. 키티는 관광객에게 매우 친숙하다. 미키마우스는 디즈니랜드를 가야 만날 수 있지만 키티는 일본 어디서도 만날 수 있다.

교토의 마이코는 미키마우스와 키티의 특징을 모두 가지고 있다. 교토에 온 관광객이라면 반드시 마이코를 만나고 싶어 한다. 오차야에 불이 켜질 무렵 하나마치에는 한 손에 카메라를 든 외국인들이 많이 보인다. 마이코를 만나 사진으로 남기고 싶어 하는 관광객들이다.

마이코는 미키마우스같이 지역 한정이라는 특징이 있으면서도 고객의 요청이 있으면 도쿄, 프랑스, 미국으로의 출장도 마다하지 않는다. 키티같이 지역을 넘어서는 캐릭터가 된 것이다. 지역 한정이라는 희소성의 가치와 지역에 얽매이지 않는 보편성의 가치가 공존하는 것이다.

사라져가던 교토의 마이코들은 오늘날 다시 10대 소녀들이 계승하고 있다. 마이코는 춤, 교토 사투리, 예의범절, 규범을 열심히 익힌다. 그녀들의 한결같은 노력으로 살아 있는 캐릭터인 마이코가 완성된다.

## 4장 교토 하나마치 경영학, 또 하나의 비즈니스 모델

학교의 'Off-JT'와 현장의 'OJT'를 연결한 'Learning by doing' 구조, 가격경쟁 없는 품질경쟁, 처음 오는 손님 거절, 고객정보에 기초한 서비스, 콘텐츠 아웃소싱 등과 같은 여러 제도는 교토 하나마치 경쟁력의 원천이다. 교토 하나마치는 전통과 역사의 거리일 뿐 아니라 지금도 살아 숨 쉬는, 활기 가득한 비즈니스의 현장이다.

# 역량 집중으로 경쟁우위 확보

오늘날 일본의 많은 하나마치가 자취를 감추었다. 남아 있는 하나마치도 게이기의 감소와 고령화로 인해 업계 자체의 존망이 위협받고 있다. 하나마치의 쇠퇴는 '수요 감소'와 '고객 요구의 변화'라는 두 개의 큰 이유가 있다.

수요 감소 경향은 1965년경부터 일본 전국의 하나마치에서 시작되었으며, 버블경제가 붕괴한 것이 결정타였다. 고객 요구의 경우 생활방식의 변화와 취미의 다양화로 하나마치에서 전통음악을 즐기는 고객이 감소하고 있다. 대신 골프와 가라오케 등이 접대의 중요 자리를 차지하게 되었다.

쇠락해가던 하나마치에 부활의 신호탄을 올린 것은 교토에서다. 교토 하나마치의 경우 1990년 무렵부터 마이코의 수가 증가하고 있으며 지금은 일본 전국에서 지원자가 몰려들어 시코미를 받아들이는 오키야가 부족할 정도다. 접대 수요의 감소로 고급 클럽이나 레스토랑 같은 서비스 업종의 매출이 급격히 감소했지만, 교토 하나마치의 총 매상은 증가하고 있다. 2007년 1월, 기온코부의 개학식에서 2006년의 총화대가 2005년의 총화대를 상회했다고 발표했다. 미야가와초도 근래 2, 3년간 전년대비 10퍼센트 정도씩 매상이 증가했다.

어떻게 교토 하나마치는 전통을 유지하고 환경변화에 적응하며 경쟁력을 유지하는 것일까. 교토 하나마치의 경쟁력을 '전통'과 '문화'로 보지 않고 경영의 시점에서 분석해볼 필요가 있다. 교토 하나마치만의 인재육성과 평가 방법, 거래 구조를 살펴보고 또한 도쿄나 오사카의 하나마치 등 다른 하나마치가 쇠퇴하는 가운데 교토 하나마치만 변함없이 번창하는 비결은 무엇인지도 주목해야 한다.

### 차별화된 고객 멤버십

하나마치의 고객 접대는 계측이 불가능하다. 처음 오는 손님은 받지 않고 단골고객 위주로 신분이 검증된 고객만 받는다는 특유의 관행 때문이다. 이러한 장치는 고객의 취향을 철저하게 파악해 고객에게 감동을 주는 최고의 서비스를 가능하게 했다.

고객 접대의 질적 고양은 교토 하나마치 경쟁력의 기초다. 고객에게 일정 수준 이상의 서비스를 지속적으로 제공할 수 있어야 그에 합당한 서비스료를 받을 수 있고, 또 지속적인 단골 확보가 가능하다.

오차야는 고객이 가진 기대를 정확히 파악하고 서비스를 제공할 능력이 있어야 한다. 게이마이코와 오차야의 기량을 믿는 고객이 있어야 지속적인 거래가 가능하다. 그 결과, 교토 하나마치는 '고품격 고객 접대 서비스'를 제공하는 장소라는 브랜드 이미지를 구축할 수 있었다.

에도 시대부터 교토 하나마치는 최고의 하나마치였다. 지금도 그 지위는 굳건하다. 하나마치의 게이마이코는 매스컴과 영화, 드라마 등에서 광범위하게 소개되거나 차용되어 세계적으로도 지명도가 높다. 세계 및 일본 각지에서 게이마이코의 아름다운 모습을 실제로 보고 싶어 교토를 직접 방문하는 사람들도 많아지고 있다. 이들은 가능하면 한 번쯤은 오자시키에서 유흥을 즐기고 싶어 한다. 강한 호기심과 기대감이 교토 관광 수요를 창출하고 있다.

교토 하나마치는 회원제도로 운용하는 폐쇄적인 곳이다. 하나마치의 서비스를 이해하고 평가할 수 있는 사람<sub>고객</sub>이 적정한 가격으로 서비스를 이용한다. 하나마치에는 가격경쟁이 없다. 가격덤핑 같은 안이한 방법으로 고객을 유치하거나 매출을 늘리려 하지 않는다. 하나마치는 오직 서비스의 질로만 서로 경쟁한다. 하나마치의 서비스를 이해하고 평가하며, 적정 서비스에 적절한 가격을 지급하는 고객이 있기 때문에 지속적인 영업이 가능하다.

가격경쟁으로 시장이 황폐해질 우려가 없어 장기투자가 가능하고 게이마이코를 육성할 수 있다. 도쿄 하나마치에서도 처음 오는 손님을 거절하는 관행이 있지만, 하나마치가 대폭 축소되어 인재 육성 모멘텀이 취약해졌다. 교토와 달리 게이마이코가 되고 싶은 젊은 여성들이 충분한 양성 기간을 갖지 못한다. 기예를 사전에 체크하지 못한 채로 오자시키에 나가는 때도 있다. 교토 하나마치는 게이마이코가 오자시키에 나가기 전에 관계자들이 기예를 체크한다. 공급되는 서비스의 질이 수요자의 기대에 미치지 못하면 고객은 바로 외면한다.

### 신규수요에의 유연한 대응

　교토 역시 전성기였던 1950년대와 비교하면 현재 오자시키의 수요는 현저히 감소했다. 하지만 최근 교토 붐이 불면서 일본의 전통을 재평가하는 분위기가 살아나 게이마이코에 대한 관심이 뜨겁다. 특히 관광 분야에서 게이마이코의 활약이 현저하다.

　오늘날 게이마이코는 교토 관광의 대표적인 문화코드가 되었다. '게이마이코=전통문화의 상징'으로 인식되고 있다. 봄과 가을에 개최하는 각 하나마치의 춤 공연은 입장권만 4천 엔 정도인데 국내외를 불문하고 수많은 관광객이 관람한다. 게이마이코는 일본 전국은 물론이고 외국에도 출장을 간다. 게이마이코는 일종의 교토 및 일본의 문화사절단 역할을 하고 있다.

새로운 고객 요구에 유연하게 대처하는 사람은 오차야의 오카상이다. 고객 창구인 오차야 오카상은 고객 접대를 코디네이트하는 데 교토 하나마치의 오차야나 요릿집에 국한하지 않고 게이마이코의 매력을 전할 수 있는 장소라면 어디든지 서비스를 제공한다. 일본 국내뿐만 아니라 세계 각지로부터의 의뢰에도 기꺼이 응한다. 이처럼 교토 하나마치에는 시장의 요구에 맞추는 유연함이 있다.

## 화대의 가격 경쟁력

도쿄에는 오차야가 없다. 도쿄 게이샤들의 일터는 '오데사키お出先'다. 오데사키는 료테이料亭, 요정를 말한다. 도쿄의 게이샤는 교토의 게이마이코처럼 관광의 상징도 아니며 호텔, 여행사의 주요 이벤트에 초빙되는 일도 거의 없다.

지금은 사라졌지만, 도쿄의 유명한 하나마치인 '야나기바시柳橋'는 신바시와 함께 최상위 랭크의 하나마치였다. 야나기바시는 게이샤의 오데사키인 요정이 사라짐과 동시에 종말을 고했다. 게이샤들은 다른 지역의 요정으로 옮기지 않고 야나기바시의 요정과 운명을 같이했다. 도쿄의 게이샤는 소속한 하나마치에서만 일한다는 의식이 강한데다 하나마치마다 오데사키 요정이 정해져 있었기 때문이다.

교토 하나마치의 요릿집인 료리야는 하나마치의 구성원이지 조합원이 아니다. 어떤 하나마치의 요릿집이 다른 하나마치 소속의 게이마이코를 불러도 문제가 되지 않는다. 예를 들어 고객이 기온코부 오차야 오카상에게, 폰토초 요릿집에 기온코부의 게이마이코와 가미시치켄의 마이코를 함께 불러달라고 의뢰하면, 고객의 요구를 제일로 여기고 게이마이코를 불러준다.

도쿄의 게이샤도 다른 지역으로 출장갈 수 있지만, '도오데'遠出, 게이샤가 소속된 구역 이외의 연회석에 나가는 것라는 비싼 요금이 붙는다. 거리가 가까워도 오데사키가 아닌 다른 요정으로 가는 것은 도오데이다. 고객은 비싼 비용 때문에 좋아하는 게이샤를 부르는 것을 망설이게 된다.

교토 하나마치는 어느 지역의 요릿집에서 게이마이코를 불러도 할증요금이 없다. 게이마이코가 오키야를 출발한 시점부터 시간 단위로 화대를 계산한다. 즉 요릿집의 오자시키에 동석하는 시간과 게이마이코의 이동 시간, 말하자면 고객을 위해 게이마이코가 서비스한 시간의 총합을 기준으로 화대를 계산한다. 이치에 맞지 않는 계산 방법이라고 생각할지 모르겠으나 다섯 개의 하나마치 중 네 개가 근접해 있는 교토는 요릿집도 특정 지역에 밀집해 있어 이동 시간이 많이 걸리지 않는다. 고객은 추가요금 없이 자신이 좋아하는 요릿집에서 마음에 드는 게이마이코를 부를 수 있다. 게이마이코도 일이 늘어나는 효과가 있다.

## 설비투자 중시

도쿄 요정과 교토 오차야의 가장 큰 차이는 도쿄의 요정에는 요리사가 있어 직접 음식을 만든다. 말하자면, 갓포割烹, 일본식 요리 요정이 많다. 교토 오차야는 직접 요리를 만들지 않는다. 요릿집이나 배달전문 요릿집에 요리를 주문한다. 게이기가 연회석에 동석하는 것은 차이가 없다. 비슷한 가이세키요리를 준비한다.

제2차 세계대전 후 도쿄에서는 자리만 빌려주는 '마치아이'가 사라졌다. 마치아이待合란 다다미 4장 반이나 6장의 작은 오자시키를 빌려주는 것을 업으로 하는 곳으로 게이샤가 출장 오고 요리는 배달 형태로 공급한다. 요릿집에서는 주로 연회가 벌어지고, 마치아이는 개인적으로 유흥을 즐기는 장소였다. 제2차 세계대전 후, 풍속영업법 시행에 따라 게이샤가 출장할 수 있는 곳은 마치아이와 요릿집에서 요정으로 바뀌었다. 지금의 도쿄 요정 중에는 요리사를 두지 않고 요리를 배달하는 마치아이 형식이 남아 있는 곳도 있다. 다다미의 크기는 지방에 따라, 방의 대소에 따라 조금씩 다르지만, 일반적으로 180×90cm이며 다다미 2장이면 3.3제곱미터1평 정도의 크기다.

요정이라는 말이 만들어진 시기는 제2차 세계대전 후다. 마치아이가 없어지면서 넓은 오자시키에서 멋진 연회가 열리는 요정이 메인이 되었다. 담으로 둘러싸여 외부와 차단된 도쿄의 요정에는 스키야数寄屋\*풍의 건물이 여러 개 있고 손질이 잘된 정원이 딸려 있었다. 고객 접대를 위한 최고급 오자시키가 있어서 야나기바시와 신바시, 아카사카赤坂의 고급 요정은 정치인, 경제인이 밀담을 나누는 장소로 자주 애용되었다. 이로 인해 당시 도쿄 요정은 수익이 좋았다.

하지만 마치아이가 없어지고 요정이 고급화되면서 요리를 주문하지 않는 2차 술자리 고객이 급격히 감소했다. 도쿄 하나마치는 요정의 고급화와 더불어 특권계층이 특별한 때만 이용하는 곳으로 점차 변해갔다. 가격은 비싸졌지만 이용객은 감소했다. 더욱이 설비투자비용과 인건비 상승은 재정난을 가중시키는 또하나의 요인이 되었다. 결국 버블경제가 붕괴되자 불황을 견디지 못한 요정의 폐업이 속출했다. 요정 건물은 아파트로 바뀌기 시작했다.

2006년, 오사카의 유명한 오차야인 '난치 야마토'의 멋진 건물이 철거되었다. 난치 야마토는 다이쇼大正 시대에 만들어진 4층 건물로 오사카를 대표하는 오차야였다. 제2차 세계대전 후 부흥기에는 건물 내에 일본 전통극인 '노能' 무대가 있었으며, 오차야와 요릿집이 한 건물 안에 있었다. 규모 확대와 고급화가 파산을 불러온 것이다.

---

\*스키야: 아즈치모모야마安土桃山 시대에 나타난 다실풍茶室風의 건축양식. 화려한 장식이나 구조를 버리고 단출한 형식을 추구하였다.

## 오차야는 정보 중심의 소프트형 산업

　교토 오차야는 직접 요리를 만들지 않는 유흥 장소다. 그렇다고 단순히 장소만 제공하는 것은 아니다. 게이마이코와 요릿집의 정보를 모아 고객의 취향에 맞추어 알아서 준비한다. 고객 접대 전반을 코디네이트하는 것이다. 경영학 용어로 표현한다면, 마케팅 정보를 수집하고 시장의 정보를 모아 콘텐츠를 사들이며 고객의 기호를 반영해 고객의 요구를 충족시키고도 남을 만한 제품을 만들어 판매하는 셈이다. 즉, 오차야는 정보 중시의 소프트형, 요정은 설비투자 중심의 하드형 업태라 할 수 있다.
　교토 오차야는 고객의 취향을 세심하게 파악하고 있는 오카상이 고객이 좋아하는 요리와 게이마이코를 준비한다. 2차로 다른 오차야로 가게 되면 술값과 화대만 필요하니 저렴하게 이용할 수 있다. 고객의 요구에 맞추어 조달하는 형식을 취해 재고도 없다. 평범한 봉급생활자가 자주 드나들 수 있는 가격은 아니지만, 기회가 있으면 어렵지 않게 이용할 수 있을 정도의 요금이다.

교토에는 약 30년 전부터 오자시키 바bar가 생겨 손쉽게 오차야를 이용할 수 있게 되었다. 오자시키와 달리 바는 오차야 오카상이 접대를 하기 때문에 화대 걱정도 없다. 비교적 저렴한 가격으로 오차야의 분위기를 즐길 수 있는 것이다. 물론 화대를 지불하고 게이마이코를 부를 수도 있다. 춤을 즐긴다든가 전통음악을 듣는 일이 오자시키의 즐거움이지만, 게이마이코와 차분하게 대화를 나누는 것이 목적이라면 바를 이용하는 것도 좋다. 단, 바 역시 처음 오는 손님은 거절한다. 바 손님은 곧 오차야의 고객이기도 하기 때문에 서로 믿고 편하게 즐길 수 있다. 오차야 측에서 보면 수입은 적지만, 현금장사이기 때문에 하루 매상을 높일 수 있다.

교토 하나마치가 시대의 변화에 재빠르게 대응할 수 있었던 이유는 오차야가 덩치를 키우는 데 주력하지 않았기 때문이다. 오차야의 최종 목적은 최고의 고객 서비스 제공이다. 이를 위해 고객과의 접점을 찾으려고 노력한 결과 시대의 흐름에 유연하게 대처할 수 있었던 것이다. 장기회원제도에 의한 고객 정보의 축적 역시 잘 기능하고 있다는 증거이기도 하다.

교토 오차야는 초보 게이마이코 육성에도 관여한다. 현재 제공 가능한 콘텐츠현역의 게이마이코들만이 아니라 앞으로 제공할 수 있는 새로운 콘텐츠지금부터 데뷔하는 신인 게이마이코들의 정보도 빨리 손에 넣을 수 있다. 바는 고객에게 견습 마이코나 초보 마이코를 소개하는 역할도 한다. 이처럼 교토 오차야는 시장의 정보를 수집하고, 수집된 정보를 기반으로 고객의 요구에 맞춘다. 적절한 아웃소싱을 통해 콘텐츠를 제공함으로써 재고 없는 비즈니스를 하는 것이다.

**사업 부문의 전략적 선택**

도쿄의 하나마치는 외부의 시선을 피하려는 정치가나 경제계 거물들의 요구에 맞추어 높은 담과 큰 오자시키를 만들었다. 음식에 까다로운 오사카 상인을 상대했던 난치 야마토야는 요릿집과 오차야, 오키야, 학교를 수직 통합했다. 제공하는 콘텐츠 전체의 품질관리를 철저히 한 것이다.

비즈니스에서 중요한 것은 시장 특성에 기초한 사업 부문의 전략적 선택이다. 불황기의 하나마치는 경기침체 폭보다 매상이 현격하게 감소하는 경향이 있다. 비즈니스 접대가 기업활동의 필수 사항은 아니기 때문이다. 향후 접대 시장의 규모가 폭발적으로 늘어날 가능성도 희박하다. 거기에 이용 가격 또한 만만치 않다. 그렇다보니 오차야와 요정의 노력만으로 경기변동에 즉각적으로 대응하기 어렵다.

이에 비해 교토 하나마치는 서비스를 아웃소싱하여 고정비용을 최대한 줄이고, 오차야 바를 만들어 소액이지만 항상 현금 수입이 가능한 길을 선택했다. 이처럼 교토 하나마치 오차야는 불필요한 사업 부문을 떼어내 운영을 슬림화했고 합리적인 비즈니스를 통해 살아남을 수 있었다.

# 겸업을 통한 효율성 개선

교토 하나마치의 오차야는 전문업자들로부터 물품과 서비스를 매입한다. 이 과정에서 오차야는 아웃소싱의 강점을 적극적으로 활용한다. 요릿집과 게이마이코 등 여러 전문업자를 경쟁시켜 더 좋은 물품과 서비스를 납품받는 환경을 만든 것이다. 그 결과, 고객이 원하는 이상의 서비스 제공이 가능해졌다. 그러나 최근에는 이러한 아웃소싱에 약간의 변화가 생겨났다. 오차야와 오키야의 겸업화가 그것이다. 겸업화는 아웃소싱과 배치된 전략으로 보이지만, 교토 하나마치가 직면한 환경 변화에 대응하는 데는 확실한 메리트가 있다.

과거에는 어려움 없이 게이마이코 지원자를 구할 수 있었다. 그러나 제2차 세계대전 후, 경제성장과 더불어 경제적 이유로 어쩔 수 없이 하나마치로 들어오는 소녀들이 점차 줄어들었다. 게다가 오차야와 오키야의 구성원들이 바깥세상을 동경하여 하나마치를 떠나는 일이 빈번해졌다. 단나상후견인의 감소로 하나마치에서 크게 성공하는 여성들도 감소했다. 1965년에는 약 80명이었던 마이코가 1975년에는 다섯 개 하나마치를 합쳐 20명으로 줄었다. 당시 마이코는 레드 데이터북Red Data Book, 멸종위기의 야생생물을 기록한 책에 오를 만한 사양직업이 되어가고 있었다.

지원자 감소라는 변화에 대응해 교토 하나마치는 교토 이외 지역의 출신자를 선발하기 시작했다. 물론 처음에는 저항이 있었지만, 적극적으로 게이마이코를 육성하지 않으면, 하나마치의 존립이 어렵다는 것을 자각하면서 정도의 차이는 있지만 서서히 받아들이게 되었다. 현재는 교토 이외의 지역 출신 마이코가 약 90퍼센트에 달한다.

교토 이외 지역 출신을 받아들이면서 게이마이코 육성에 큰 변화가 생겨났다. 교토 출신만 뽑았던 예전에는 교토 사투리와 행동은 일상생활의 연장이어서 특별히 가르칠 것이 없었다. 교토에서는 어린 시절부터 일본 전통무용과 전통음악을 배우는 것도 일반적이었다. 하지만 다른 지역 출신 소녀들은 인사말이나 문 여닫는 방법같이 극히 기초적인 것부터 일본 전통무용과 전통음악까지 모두 가르쳐야 한다. 교육 내용이 많아지면 양성 기간의 연장만으로는 대응할 수 없게 되었다.

마이코는 천진난만하고 귀여운 점이 특징이다. 게다가 20세 정도까지 활동할 수 있다는 연령제한이 있다. 따라서 교육에 너무 많은 시간이 들면 마이코 데뷔가 불가능할 수도 있다. 그렇게 되면 오키야는 마이코 양성에 투자한 비용을 회수할 수 있는 기회조차 없어진다.

그러나 오키야와 오차야를 겸업하면 게이마이코 양성의 문제점을 해결할 수 있다. 무엇보다 시코미 때부터 오자시키와 오차야 바와 같은 현장을 직접 체험할 수 있다. 취업과 유사한 실전 경험을 일상적으로 익힐 수 있는 것이다. 교토 사투리를 습득하고 오자시키에서의 행동을 익히는 속도도 빨라진다. 하나마치의 관습에 자연스럽게 익숙해질 수 있는 것이다. 또한 마이코 데뷔 후에도 일할 기회가 늘어난다. 이처럼 오키야와 오차야의 겸업은 교토 이외 지역 출신의 게이마이코 지원자들에게 적응 속도를 높여준다는 장점이 있다.

기예 향상을 촉진하는 효과도 있다. 오키야를 중심으로 겸업하면 효율적으로 게이마이코를 양성할 수 있다. 오차야를 중심으로 겸업하면 게이마이코의 수요가 부족한 성수기에 소속된 게이마이코를 즉각 부를 수 있어 매상 면에서 플러스다. 어느 쪽이 중심이 되든 육성 비용을 빨리 회수할 수 있어 이익이다.

교토의 다섯 개 하나마치 중 마이코를 많이 보유하고 있는 미야가와초에서는 거의 모든 오키야가 오차야를 겸업한다. 미야가와초에서는 신규로 오키야를 개업할 때, 오차야의 면허를 따게 되어 있다. 기온코부에서 남쪽으로 내려오면 미야가와초의 건물들을 볼 수 있다. 이곳에는 입구가 작고 보통 규모의 전통가옥풍의 오차야가 많다. 미야가와초에는 건물을 수리했거나 신축한 오차야가 많다. 각각의 하나마치의 매상 규모는 정확히 모르지만, 오차야 건물의 상태와 마이코의 숫자 증가를 보면 어느 정도의 추측은 가능하다.

### 일인一人 게이샤야

도쿄 하나마치는 요정과 게이샤야芸者屋 겸업을 규제하고 있어서 겸업하는 경우가 매우 적다. 무코지마向島만이 요정과 게이샤야의 겸업을 허락한다. 무코지마는 젊은 게이샤가 많은 활기찬 하나마치였다. 도쿄의 다른 하나마치는 게이샤야가 전업이었다.

지금은 대다수가 지마에게이기가 혼자 운영하는 일인 게이샤야다. 자신이 거주하는 아파트를 게이샤야로 활용한다. 도쿄의 주택 사정으로는 지방에서 올라온 게이샤 지원자가 교토 하나마치같이 입주해 수련하는 것이 어렵다.

전통문화와 동떨어진 생활을 하던 젊은 여성이 조금이라도 빨리 기예를 연마하려면 선생과 함께 생활하는 것이 좋다. 도쿄에서도 게이샤야에 입주해 게이샤로 커가는 젊은 여성도 있지만 아주 드물다.

교토에서 게이마이코가 되려면 부모의 곁을 떠나 오키야에서 생활해야 한다. 지금 시대의 소녀가 개인방도 없이 엄격한 규율을 지켜야 하는 생활을 견뎌내기란 그리 쉽지 않다. 의욕과 각오가 충만하여도 실제로 겪으면 너무 힘들어 중도에 포기하는 경우가 많다. 오키야도 소녀들의 생활과 기예를 돌보는 일이 만만치 않다. 사고방식과 생활양식의 차이를 이해시키고, 동기부여를 통해 의욕을 촉진시키는 일을 반복해야 하기 때문이다.

따라서 오키야 오카상은 체력과 정신력이 강해야 한다. '입주제도'를 통해 밀도 있는 교육을 거치면 교토 사투리를 몰랐던 소녀들도 단기간에 프로가 된다.

### 양성제도와 거래 관행

교토 하나마치의 게이마이코 양성제도와 오차야 중심의 거래를 보면, 사람과 사람, 사람과 구조, 구조와 구조가 합리적으로 연결되어 긴밀하게 정보를 공유하도록 되어 있다표 4-1.

게이마이코 양성에는 오자시키와 춤 공연, 하나마치 행사와 같이 다양한 분야의 많은 사람이 관여한다. 그리고 그녀들의 기량을 주변 사람들과 고객이 항상 평가한다.

어느 게이마이코가 어느 정도 수준의 기예를 가지고 있다는 정보는 하나마치에 공유된다. 긴밀한 정보공유를 통해 기예의 수준을 평가받고 노력을 촉진한다.

표 4-1 하나마치거래 시스템과 평가

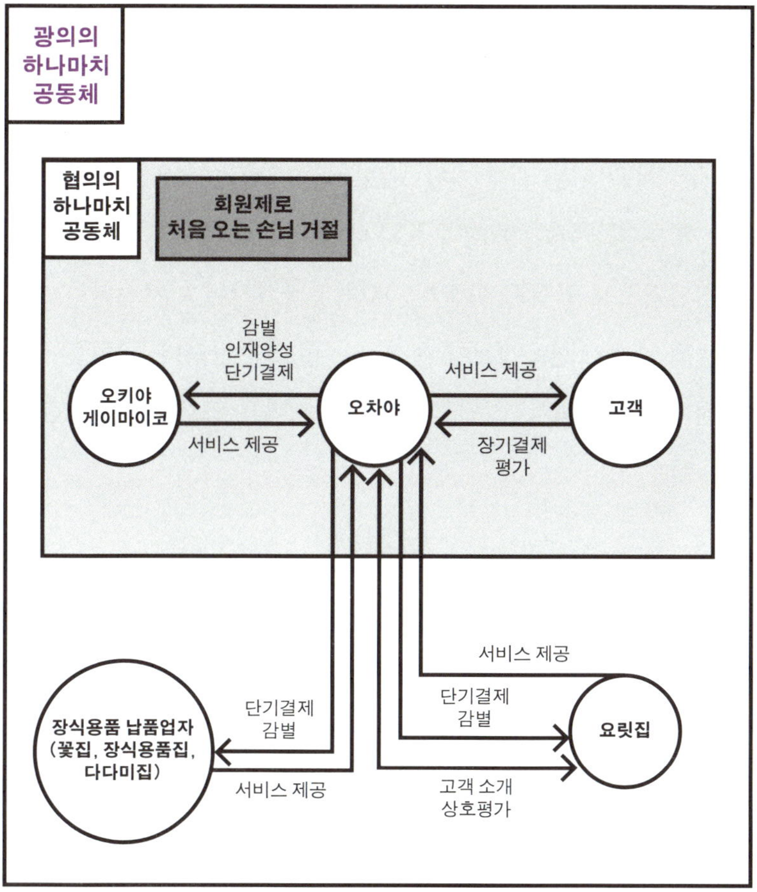

 입주기간을 마치고 하나마치의 인간관계를 이해한 여성들이 다시 게이마이코를 양성하거나 오키야·오차야를 운영하게 된다. 이러한 연결고리가 지속적인 인재양성을 가능하게 하는 것이다.

고객 접대 수준은 게이마이코 수준에 많이 좌우된다. 게이마이코와 오네상은 상호협력하고 오카상은 이를 지원한다. 게이마이코 양성에는 고객도 개입한다. 기예의 수준을 평가하고 대가를 지급하기 때문이다. 신규고객을 개척하고 시장을 넓히는 방식과 상반되는 '처음 오는 손님 거절' 제도는 고객이 고객을 창출하게 만드는 제도인 셈이다. 고객 수요와 매상 예측이 용이해 수요와 공급이 점차적으로 균형을 이룬다. 게다가 장기적이고 지속적인 거래로 인해 고객의 신용정보를 축적하는 일도 용이하다. 이렇듯 독특한 하나마치의 평가 시스템과 거래 시스템은 서로 연결되어 경쟁력을 이룬다.

# 의사결정의 비밀

기업은 조직도가 있고 직책에 따라 권한이 정해진다. 지휘계통의 명령에 따라 조직이 움직인다. 어떠한 전략을 수립하고 어떠한 명령계통으로 실행하고 있는지 알아보는 것은 외부인도 어느 정도 가능하다.

하나마치는 자영업자라고 할 수 있는 게이마이코와 오차야, 오키야 같은 소규모 사업자의 복합공동체이다. 따라서 특정의 누군가가 전체를 총괄하는 조직이 아니다. 물론 오차야조합, 가무회歌舞會, 게이코조합, 뇨코바 등 어느 정도의 권한을 가진 조직은 있다. 조직마다 책임자를 정해 운영한다. 오차야조합연합회같이 다섯 개 하나마치를 관리하는 조직도 있다. 하지만, 연합회 회장이 하나마치 전체의 전략을 결정하지는 않는다.

매년 5월에 개최하는 교토 하나마치 합동공연인 '미야코노니기와이都の賑わい' 때는 다섯 개 하나마치가 서로 협력하지만, 이것도

사실은 각자의 브랜드를 가지고 경쟁한다고 할 수 있다. 도쿄 하나마치같이 1등, 2등 순위를 정하지는 않지만 지역 특성을 살려 경쟁하고, 고객에게 자신만의 장점을 어필하려고 노력한다. 다섯 개 하나마치에서 개최하는 춤 공연은 서로 유파가 달라 공연 내용마다 각기 다른 특색이 있다. 게이마이코 데뷔시험도 하나마치별로 과제가 다르다.

비즈니스를 둘러싼 환경이 변화할 때 어떻게 전략을 세울 것인가가 중요한 문제다. 기업은 살아남기 위해 필사적으로 전략을 세우고 철두철미하게 시행한다. 교토 하나마치에는 전체적인 전략을 결정하는 조직이 없다. 전체적인 의사결정 조직은 없지만, 환경변화에 적응하기 위한 공통의 제도는 있다. 춤 공연은 기온코부와 폰토초가 메이지 5년1872부터 시작했다. 그 후, 다른 하나마치도 춤 공연을 시작해 지금은 완전히 정착된 상태다. 하나마치마다 각각의 유파로 춤을 통일시켰고 학교를 운영하는 제도 또한 통일성을 기했다. 교토 하나마치의 상징인 마이코 제도 또한 마찬가지다. 하나마치마다 별도로 운용되다가 1950년대 중반을 넘어서면서 전체 하나마치에 통일적인 제도를 도입했다.

### 의사결정의 주체

공통의 제도가 있지만 전체가 일사불란하게 움직이는 구조는 없다. 합리적이지 않아 보이지만, 환경변화에 맞추어 서서히 또는 발 빠르게 대응하는 구조다.

교토 하나마치는 매우 좁은 지역에 밀집해 있다. 지역간 경쟁이 불가피하고, 하나마치별로 같은 업종의 업자가 밀집해 있어 업자 사이의 경쟁도 치열하다. 전통문화산업이라 해서 단순히 옛날 것을 고집하면 살아남지 못한다. 오키야와 오차야, 지마에 게이코는 변화하는 고객의 요구에 맞추려 끊임없이 노력한다. 특화된 강점이 없으면 사업 유지가 불가능하다.

하나마치 사람들은 새로운 시도에 호의적이지 않다. 호의적이기는커녕 새로운 것을 시도하는 사람을 비난하는 분위기가 강하다. 하지만 이는 어설픈 시도를 경계한다는 의미일 뿐 시도 자체를 거부하는 것은 아니다. 따라서 새로운 것이 성공적으로 시도되어 결과까지 좋으면 가능한 범위 안에서 재빠르게 도입한다. 오카상과 오네상은 '스지'라는 긴밀한 인간관계로 묶여 있어 새로운 사업이 성공하면 빠른 속도로 퍼져 나간다.

개개의 사업자가 교토 하나마치의 특색을 살리는 사업을 끊임없이 연구한다. 물론 사업 아이템이 하나마치의 규범에서 많이 벗어난다고 판단되면 바로 포기하지만, 규범을 벗어나지 않았다고 인정되고, 이익이 발생하면 자신의 책임하에 도입한다. 하나마치 공동체의 사업자들은 각기 의사결정을 하는 주체들이다. 그러나 비록 명문화되어 있지는 않지만, 그들은 모두 하나마치의 규범 안에

### 표 4-2 문화와 제도 그리고 하나마치

서 움직인다. 규범을 벗어나지 않는다면 모두 자기 나름의 창의적인 노력을 할 수 있는 자유가 있어 좋은 점은 즉시 도입한다. 하나마치 전체의 명확한 전략결정 주체는 없지만, 이들의 자유롭고 창의적인 노력이 기존의 제도를 바꾸고 새로운 구조를 창출하는 것이다 표 4-2.

### 원동력과 활력

오차야 바도 처음에는 상당한 역풍을 맞았다. 하지만 지금은 완전히 정착해 일반적인 사업 아이템이 되었다.

홈페이지의 개설도 마찬가지다. 처음 홈페이지를 개설한 오차야는 구설수에 올랐다. 이제는 오차야의 홈페이지와 게이마이코의 블로그가 보편적인 마케팅 수단이 되었다. 홈페이지를 이용해 게이마이코 지원자를 모집하는 오차야 조합도 있다. 그들은 홈페이지를 이용해 하나마치의 정보를 외부에 알리려고 노력한다.

대규모 여행사와 제휴해 오자시키를 방문하고 싶어 하는 사람들을 모집하기도 한다. 여행사 대리점의 영업력과 회원 제도를 이용해 오차야에서 게이마이코와 여흥을 즐기고 싶은 사람을 모집하는 것이다. 오차야에는 '처음 오는 손님'이지만, 여행사에서 검증한 고객이어서 '처음 오는 손님 거절'의 관행을 깨지 않고도, 폭넓은 고객을 유치할 수 있다. "오자시키에 한번 가보고 싶었지만 어떻게 해야 하는지 몰랐다. 조건은 조금 까다로웠지만 혼자서도 가볍게 참가할 수 있는 기획 상품이었다. 선망하던 마이코와 함께 즐기고 사진까지 같이 찍어 정말 기쁘다, 참가하길 잘했다"라고 이야기하는 고객이 대부분이었다.

교토 하나마치에는 소규모 사업자가 적극적으로 새로운 시도를 모색하고 있다. 각 사업자의 규모가 작기 때문에 '좋다'고 생각되면 즉시 도입한다. 작은 회사의 강점인 빠른 의사결정을 십분 활용하는 것이다. 시대의 변화에 맞추어 적응하려는 유연성은 교토 하나마치 존속의 원동력이다.

교토 하나마치는 기업, 전통문화사업, 지역사업과의 연대를 통해 생존력을 키우고 있다. 경제와 사회정세의 변화를 고객을 통해 파악하고 민감하게 반응한다. 고객의 정보가 영업의 기초정보라는 이야기다. 전통적인 업계이기 때문에 외부환경에 대해 둔감하다고 생각할 수 있지만 서비스업이기 때문에 외부환경 변화를 파악하는 일은 의외로 간단하다.

# 변화에의 대응과 성장전략

하나마치 서비스의 기본은 게이마이코다. 고객이 만족하는 기예를 펼치고, 하나마치의 장점을 부각할 수 있어야 한다. 게이마이코가 하나마치의 부침에 크게 영향을 미친다고 해도 과언이 아니다. 다음 세대인 마이코를 양성하는 일은 매우 중요하다. 약 50년 사이에 하나마치 게이마이코 양성에 두 가지 큰 변화가 있었다.

지원자가 감소한데다 수준 또한 예전 같지 않다는 게 한 가지이고, 다른 한 가지는 의무교육으로 인해 인재육성 기간이 단축된 것이다.

지원자 감소나 수준의 변화 문제는 오키야와 오차야의 겸업화로 전부 해결할 수는 없다. 근래에는 게이마이코 지원자가 늘고 있지만, 지원자 모두가 하나마치의 일원이 되지는 못한다. 개인주의적인 사고가 강한 현대의 여성들은 엄격한 공동생활을 견디지 못하고 중도에 포기한다. 오키야와 오차야를 겸업하여 양성의 밀도를 높여도 이러한 사고방식의 변화에는 대응하기가 쉽지 않다.

의무교육제도에 의해 마이코의 양성 기간이 단축되어 상황은 더욱 어려워졌다. 의무교육을 마친 현대 여성들은 자기 나름의 사고방식이 이미 확고한 상태라 상하관계가 엄격한 하나마치의 관습에 거부반응을 일으키는 일이 많다.

교토 하나마치는 이러한 변화에 대응하기 위해 과거의 제도를 적극적으로 활용하거나 제도 설립 당시의 취지와 다르게 변형해 시행하기도 한다. 변화에 유연하게 대응하는 것이다.

### 시코미와 넨키

마이코가 되기 위해 교토 하나마치로 들어오면 일단 '시코미'로 오키야에 입주한다. 입주 기간을 '넨키'라 한다. 개인주의적인 사고방식과 의사표시가 확실한 현대의 소녀들이 개인적인 공간과 시간이 거의 없는 생활을 수년간 계속하게 되는 것이다. 어린 소녀들에게는 정신적으로나 육체적으로나 매우 고달픈 일이다. "꼭 마이코가 되고 싶다"라며 찾아온 소녀들이 막상 입주생활을 시작하면 1개월도 못 버티고 포기하는 것도 다 그 때문이다. 중도 포기는 더 이상 새삼스러운 일도 아니다.

교토 하나마치에서는 자기 혼자 어떤 일이든 해결하는 자주성보다 공동생활의 중요성을 가르친다. 사람들과 깊은 관계를 맺으며,

혼자서는 아무것도 할 수 없다는 사회성을 기르는 것이다.

오자시키는 여러 사람의 긴밀한 협업으로 이루어진다. 경력이 풍부한 선배의 눈짓과 짧은 말로 호흡을 맞추며 선배의 의도를 자연스럽게 이해하고 각자의 역할을 수행해야한다. 선배의 리드를 따르지 않고 자기 나름의 판단대로 개별행동을 하면 전체의 조화가 무너진다. 오자시키에서 이러한 일이 발생하면 고객에게 제공하는 서비스의 질이 저하되는 것은 물론이다. 따라서 공동생활을 통해 상하관계를 확실히 지키고 다른 사람의 기분을 배려하는 일이 중요하다.

"중학교 졸업까지 기다리기 어렵지만, 의무교육 때문에 어쩔 수 없어요. 가능한 한 빨리 여기의 생활을 익혀야 합니다. 혼자서는 아무것도 할 수 없다는 것을 느껴야 합니다"라고 오키야 오카상은 말했다. 하나마치에서는 인간관계의 중요성을 이해하는 일이 가장 중요하다는 의미였다.

### 학교제도의 활용

하나마치를 그만둔 게이마이코의 직업교육장으로 메이지 시대에 만들어진 뇨코바가 있다. 지금은 게이마이코의 전통기예를 가르치는 장으로 변모되었다. 뇨코바는 한 유파의 전통기예를 가르친다. 게이마이코가 현역인 이상 뇨코바에 다녀야 한다. 뇨코바에서는 여러 선배의 기예를 볼 기회가 많다. 자신의 기예를 선배와 비교하여 차이를 느끼게 되면, 선배 게이마이코를 존경하는 마음이 저절로 생긴다.

하나마치의 춤 공연은 학교가 전면적으로 협력한다. 게이마이코 전원이 무대를 만드는 경험을 통해 일체감을 배양할 뿐 아니라, 기예 발표를 위해 게이마이코들이 서로 조언하고 협력하는데, 이런 경험이 오자시키에서 게이마이코들이 순발력을 발휘하는 기틀이 된다. 춤 공연을 준비하며, 선배가 후배를 가르치는 때가 많아 상하관계의 메리트를 이해할 수 있는 기회가 되기도 한다.

또한 춤 발표회 중의 바쁜 일정은 시코미나 마이코가 된 직후의 신인들에게 일의 엄격함을 경험하는 기회를 제공한다. 이른 아침부터 준비하고 무대에 올랐다가 오자시키를 도는 바쁜 일과는 앞으로 하나마치에서 계속 분발할 수 있느냐를 판가름하게 한다. 자기발전 의지가 희박한 신인은 그만큼 빨리 퇴출될 수밖에 없다.

### 제도적 지혜

교토와 오사카, 도쿄의 하나마치를 비교하면 환경변화에 각기 어떻게 적응했는지 알 수 있다.

오사카 '난치 야마토야'의 사례는 하나의 사업자가 고품질의 서비스를 대량으로 제공하는 전략상의 문제점을 보여준다. 고객 접대 서비스의 질을 높이기 위해 여러 사업을 통합해 컨트롤하는 전략은 나쁘지 않다. 특히 품질관리 측면에서는 좋은 전략이다. 하지만, 거액의 설비투자가 필요하고, 재고부담이 있어 경기악화와 같은 환경변화에는 매우 취약하다는 문제가 있다. 경기가 안정적이거나 고객이 유지되거나 증가한다는 것을 전제로 한 전략이기 때문이다.

도쿄의 경우는 업계의 규제가 혁신의 활력을 소진시킨 예다. 오데사키라는 한정된 영업 장소는 특정 고객에게 최고의 서비스를 안정적으로 제공할 수 있다는 장점이 있지만, 그 폐쇄성으로 인해 다른 지역의 정보가 유입되지 않는다. 변화에 둔감해지는 것이다. 상황 변화에 적극적으로 대응하지 못하고 활력을 잃게 된다. 아무리 질 좋은 서비스가 제공되더라도 시장과 매치되지 못하면 살아남지 못한다.

교토 하나마치도 제2차 세계대전 후의 부흥기와 1965년경, 또는 버블시대와 비교하면 업계 규모는 많이 축소되었다. 하지만 지금도 계속해서 일정 수 이상의 젊은 게이마이코를 양성하고 있다. 오차야 오자시키의 고객 수요는 감소했지만, 새로운 시장을 창출하는 데 전력을 기울이고 있다. 오차야 바를 만들고, 호텔연회와 요릿집, 이벤트 출장, 관광행사, 사진 모델, 수학여행 등 다양한 분야로 활동 영역을 넓히고 있다. 경기변동과 고객기호 변화에 대응하려는 교토 하나마치의 노력이 엿보인다.

게다가 하나마치 사업자들은 전통적인 제도를 규범 안에서 합리적으로 운용하고 적용하는 '지혜'를 갖추고 있다. 시코미와 넨키로 대표되는 '오키야의 입주생활', 학교의 'Off-JT'와 현장의 'OJT'를 연결한 'Learning by doing' 구조, 가격경쟁 없는 품질경쟁, 처음 오는 손님 거절, 고객정보에 기초한 서비스, 콘텐츠 아웃소싱 등과 같은 여러 제도는 교토 하나마치 경쟁력의 원천이다.

그들은 업계 정보를 공유하고 고객의 만족도를 체크하여 서비스에 반영하며, 규모 확장을 꾀하지 않고, 가격경쟁을 피한다. 서비스 품질 향상을 위해 필요한 모든 것을 집중시킨다. 이러한 노력을 그저 전통일 뿐이라고 일축한다면, 그만큼 많은 것을 놓치게 된다.

하나마치의 경영 노력은 간단하다. 업계 한 사람, 한 사람이 끊임없이 도전하고 변화를 추구하는 것이다. 변화가 성공하면, 업계 모두가 자연스럽게 받아들여 공동이익을 창출한다.

'전통'과 '문화'가 하나마치 산업구조의 강력한 토대이지만, 그것만으로 교토 하나마치가 유지되는 것은 아니다. 교토 하나마치는 생명력이 강한 경영현장이다. 환경변화에 맞춰 기존 제도를 규합해 운용학교와 춤 공연의 연계하고, 제도 자체를 적극적으로 활용양성제도와 마이코 제도한다. 새로운 제도가 내부에서 만들어지는 경우오차야바와 홈페이지도 있다.

교토 하나마치는 전통과 역사의 거리일 뿐 아니라 지금도 살아 숨 쉬는, 활기 가득한 비즈니스의 현장이다. 고객의 기대를 저버리지 않고, 고객이 기대하는 것 이상의 서비스를 제공하기 위해 모든 구성원이 전력투구하는 현장, 그곳이 바로 교토 하나마치다.

| 인사이드 하나마치 |

## 교토 하나마치 vs 다카라즈카 vs 요시모토흥업

고바야시 이치조小林一三가 설립한 다카라즈카 가극단은 일본 엔터테인먼트 산업계의 꽃이라 해도 과언이 아니다. 미혼여성들로만 구성된 다카라즈카 가극단은 아름다운 비주얼, 예술적 감각, 화려한 무대 매너로 일본의 대표적인 문화상품으로 각광받고 있다.

다카라즈카 가극단 공연과 교토 하나마치 춤 공연은 뜻밖에 접점이 있다. 공연의 구조가 매우 닮았다.

다카라즈카와 하나마치는 학교에서 육성된 학생들이 극장에서 공연하는 구조다. 하나마치의 춤 공연은 일 년에 1~2회, 다카라즈카는 일 년 내내 공연하는 차이가 있지만, '전용극장 + 학교→학생들의 영광스런 무대=공연'이라는 기본축은 같다.

사실 다카라즈카와 하나마치의 유사성은 우연한 일치가 아니다. 고바야시 이치조가 하나마치의 학교제도를 다카라즈카 가극단에 도입했기 때문이다. 고바야시 이치조는 다카라즈카 창단 이전에 하나마치에서 자주 유흥을 즐겼다고 한다. 다카라즈카가 개업한 메이지 44년1911과 45년에는 다카라즈카 신온천에서 오사카 난치 야마토야南地大和屋 출신의 게이기가 공연을 가졌다. 난치 야마토야는 메이지 43년1910 게이기 육성을 위해 학교제도를 도입했고 '양성鸞性'이라 불리는 학생이 백 명 이상 재학했다. 그곳에서 육성한 게이기들은 곧바로 난치 야마토야 소속이 된다.

『야마토야 세시歲時』에 따르면 고바야시 이치조가 가극단을 설립할 때 난치 야마토야의 오카상에게 조언을 받았다고 한다. 그리고 난치 야마토야의 게이기 육성법은 교토 하나마치의 학교제도를 참고로 한 것이다.

고바야시 이치조가 다카라즈카에서 만든 공연 시스템은 메이지 초기부터 시작한 '미야코오도리' 같은 교토 하나마치의 춤 공연을 모방한 것이다. 즉 고바야시 이치조가 다카라즈카 가극단에서 시작한 공연사업 시스템의 원천은 교토 하나마치의 춤 공연이다.

다카라즈카-하나마치의 공연은 3가지 메리트가 있다. 먼저 학교라는 지속적인 인재육성 시스템이 있다는 것이다. 둘째, 출연자가 극단 소속이기 때문에 비용이 적게 든다. 극장 측이 배역 결정을 하기 때문에 고객의 반응을 반영하기가 쉽다. 셋째, 다이렉트마케팅을 통해 저비용으로 생산, 공급하기 때문에 안정적이다.

물론 문제점도 있다. 극장의 건설과 유지, 인재육성에 들어가는 막대한 경비, 고객이 바라는 적절한 인재를 지속적으로 육성하지 못할 수 있는 리스크, 좋은 인재들이 중도포기할 확률이 크다는 등의 문제를 안고 있다. 하지만 다카라즈카는 '맑고 바르고 아름답게'라는 이미지를 창조했다. 다카라즈카 가극단은 품위 있고 아름다운 여성을 위한 엔터테인먼트라는 문화 코드를 만들었다.

'다카라즈카-하나마치' 공연 시스템은 일본 코미디계의 맹주인 요시모토 흥업이 계승하고 있다. 요시모토 흥업은 종래의 도제형 인재육성법을 택하지 않았다. 학교제도를 도입해 광범위하게 인재를 모집하고 육성하여 전용극장에서 공연한다. 인재를 선발해 교육과 기회를 제공하고 고객의 반응을 직접 반영하여 대성공을 이루었다.

## 에필로그

"게이샤!"

기모노 차림의 필자에게 길거리 카페의 손님이 소리쳤다. 2002년 여름, 교토 시 우호교류사절단의 일원으로 크로아티아의 수도 자그레브를 방문했을 때의 일이다. 외국에서 생각지도 않았던 이 한 마디가 계기가 되어 '마이코의 커리어'를 박사학위 논문의 테마로 정했다.

2006년 봄, 「교토 하나마치 게이마이코의 커리어 형성과 제도」를 정리한 박사논문이 완성되었다. 그때 "흥미 있는 연구입니다. 박사논문을 기초로 책을 내지 않겠습니까?"라고 생각지도 않았던 제안을 받았다. 그로부터 1년이 지났다. 이 책을 읽어주는 독자가 있다는 것이 믿어지지 않는다.

나는 교토 토박이다. 이 책에는 교토 전통문화산업의 하나인 하나마치를 테마로 직접 발로 뛰며 조사한 모든 것이 결집되어 있다.

"인생에 늦었다는 말은 없다. 노력이 가장 중요하다. 세계에 통용되는 연구를 목표로 해!"라고 필자를 격려하고 조언을 아끼지 않은 가나이 도시히로金井壽宏 교수, "비합리적으로 보이는 내면의 합리성을 직관적으로 잡아내라!"라며 심안 연마의 중요성을 가르쳐준 가고노 다다오加護野忠男 교수, "교토 사투리, 인터뷰, 오자시키 참여. 교토에서 태어나고 인생경험이 풍부한 당신만이 가능한 연구입니다"라고 직접 조사연구의 중요함을 일깨워준 구와하라 데쓰야桑原哲也 교수, 고베神戸 대학 대학원 경영학 연구과 3명의 지도교수의 도움으로 미숙한 필자가 여기까지 올 수 있었다. 감사드린다.

교토 하나마치 오차야와 오키야의 오카상, 게이마이코와 하나마치 관련업계와 단체, 교토 하나마치 네트워크후원회, 오쓰大津와 도쿄 하나마치 관계자 등 협조를 아끼지 않았던 여러분들 덕분에 연구를 완성할 수 있었다. 인연이 된 많은 분이 자료를 제공하고 유익한 정보를 주었다. 진심으로 감사의 마음을 전하고 싶다. 이 책에 있을지도 모르는 오류는 모두 필자의 잘못이다.

시가滋賀 대학 시절의 은사와 학우, 고베 대학교 대학원 선생들과 세미나 선배와 동료, 이혼, 진학이라는 인생의 재출발을 따뜻하게 격려해준 친구들, 낯선 오쓰에서 필자를 따뜻하게 맞이해주고 연구를 도와준 지인들, 돌아가신 양친이 가장 기뻐할 것이라고 응원해준 큰아버지와 큰어머니, 엉터리 엄마를 가슴 졸이며 옆에서 지켜준 아들들에게도 고마움을 전한다.

   이 책을 쓰는 데 들인 연구비용 일부는 고베 대학 대학원 경영학 연구과 COE*에서 마련해주었다. 깊이 감사한다.

   마지막으로 도요東洋 경제신문사의 구와하라 데쓰야 씨지도교수와 동명이어서 무언가 깊은 인연을 느낀다는 미숙한 필자에게 많은 조언과 격려를 주었다. 이 책을 출간하며 구와하라 씨의 도움에 깊은 감사의 마음을 올린다.

2007년 7월 기온마쓰리 즈음에

니시오 구미코西尾 久美子

---

*COE Center of Excellence Program: 우수한 두뇌와 최첨단 설비환경을 가진 세계적인 연구거점 보조금 사업. 국제 경쟁력 있는 세계최고수준의 대학을 만들고자 일본 문부과학성이 2002년부터 '21세기 COE 프로그램'을 실시했다.

# 참고문헌

相原恭子,『京都舞妓と芸妓の奥座敷』, 文藝春秋, 2001年.

相原恭子,『京都花街もてなしの技術』, 小學館, 2005年.

明田鉄男,『日本花街史』, 雄山閣出版, 1990年.

浅原須美,『東京六花街』, ダイアモンド社, 2007年.

生田久美子,『わざの理解』,『岩波講座教育の方法8 からだと教育』, 岩波書店, 1987年.

池上英子,『美と礼節の絆』, NTT出版, 2005年.

入江敦彦,『イケズ構造』, 新潮社, 2005年.

岩崎峰子,『芸妓峰子の花いくさ』, 講談社, 2001年.

岩下尚史,『芸者論』, 雄山閣, 2006年.

遠藤保子,『三世井上八千代』, リブロポート, 1999年.

岡本祐子編著,『アイデンティティ生涯發達論の射程』, ミネルブァ書房, 2002年.

加護野忠男,『競爭優位のシステム』, PHP研究所, 1999年.

加護野忠男,「京都·祇園の学ぶアンバンドリングという手法」,《プレジデント》2005年 8月15日号.

加護野忠男,「取引の文化―地域産業の制度的叡智」,《國民經濟雜誌》, 2007年 7月号.

金井壽宏,『働くひとのためのキャリア·デザイン』, PHP研究所, 2002年.

金井壽宏·高橋潔,『組織行動の考え方』, 東洋經濟新報社, 2004年.

佐藤郁哉・山田眞茂留, 『制度 文化』, 日本經濟新聞社, 2004年.

佐藤郁哉, 『フィールドワーク』, 增訂版 新曜社, 2006年.

杉田博明, 『京の花街祇園』, 淡交社, 2003年.

全國料理業生活衛生同業組合連合會和宴文化研究會 編著, 『おもてなし學入門』, ダイアモンド社, 2007年.

南地大和屋, 『大和屋歲時』, 柴田書店, 1996年.

西尾久美子, 「傳統文化産業におけるキャリア形成と制度—京都花街の芸舞妓の事例」, 神戶大學大學院經營學研究科 博士學位 論文 2006年.

早崎春勇, 『祇園よいばなし』, 京都書院, 1990年.

藤花・荻花・桃花・菊花, 『舞妓の反亂』, データハウス, 1995年.

溝祿ひろし, 『はんなりと』, 京都新聞出版センタ, 2004年.

村田英子, 『京都 菊乃井 女將軍の人育て, 商い育て』, 朝日新聞社, 2003年.

山本雅子, 『お茶屋遊びを知っていやすか』, 光露出版社, 2001年.

渡会惠介, 『京の花街』, 大陸書房, 1977年.

『祇園』, 淡交社.

Dalby, L., *Geisha*, University of California Press, 1983(入江恭子譯, 『芸者』, テイビーエス・ブリンタニカ, 1985年).

Golden, A., *Memoirs of a Geisha*, Random House, 1997(小川高義譯, 『さゆり 上・下』, 文藝春秋, 1999年).

Hirschman, A. O., *Exit, Voice, and Loyalty*, Harvard University Press, 1970(矢野修一譯, 『離脫・發言・忠誠』, ミネルブァ書房, 2005年).

Wenger, E., *Communities of Practice*, Cambridge University Press, 1998.

### 보고서

全國料理業環境衛生同業組合連合會,「全國花街報告-花街における芸妓の現狀-東日本編」, 1996年.

全國料理業環境衛生同業組合連合會,「全國花街報告-花街における芸妓の現狀-西日本編」, 1997年.

### 홈페이지

おおきに財団 www.ookinizaidan.com

都をどり www.miyako-odori.jp

宮川町お茶屋組合 www.eonet.ne.jp

先斗町歌舞練場 www.1.odn.ne.jp

上七軒歌舞会 www.maiko3.com

上七軒尙鈴·芸妓日記 www.nakazato.net

上七軒市·舞妓ブログ ichi.dreamblog.jp

京の花街ネットワーカー後援会 www.e-koito.com

宮川町芸妓さん, 舞妓さんのページ www.e-koito.com

**옮긴이의 말**

# 살아남기 위해 변화를 선택한 교토 하나마치

지금은 그 수가 많이 줄었지만, 일본에는 아직도 게이샤가 꽤 있다. 특히 교토 하나마치는 아직도 그 명맥을 잘 유지하고 있다. 일본 내 다른 지역의 하나마치가 계속해서 사라지는 와중에 어떻게 교토 하나마치만이 살아남았을까? 이 책은 일본 하나마치의 역사와 문화를 알려주면서 교토 하나마치만의 독특한 경영기법을 소개한다.

교토 하나마치에서는 처음 오는 손님을 받지 않는다. 또 하나마치의 거래관행은 속된말로 외상거래다. 일반상식으로는 이해가 가지 않는 교토 하나마치만의 이러한 독특한 관행과 거래 시스템을 저자 니시오 구미코는 재미있게 알려준다. 저자는 이 책에서 하나마치 경쟁력을 크게 두 가지로 나누어 설명한다.

첫째는 변화에의 적절한 대응이다. 하나마치 비즈니스의 중심은 오차야이며, 핵심전력은 마이코와 게이코다. 마이코와 게이코의 수준을 어떻게 유지하느냐에 따라 비즈니스의 성패가 갈린다. 제2차 세계대전 후 중학교까지 의무교육이 시행되면서 게이코의 수련 기간이 대폭 줄었다. 게다가 교토 이외 지역 출신의 지원자가 늘어나 기예와 교토 관습에 기초가 없는 여성들이 많아졌다. 교토 하나마치는 이러한 변화에 대응코자 학교제도인 뇨코바를 적극적으로 활용한다. 학교에 다니며 실습을 하는 시스템을 도입하고, 오키야 입주제도로 밀도 높은 교육을 한다. 즉, 단기간에 전문가로 육성하려 OJT와 Off-JT를 반복한다는 것이다.

고객이 부담없는 비용으로 가볍게 이용할 수 있게 오차야 바도 만들었으며, 일 년 내내 하나마치별로 공연을 개최하고, 인터넷을 이용해 지원자를 모집한다. 시장 확대를 위해 호텔연회, 수학여행, 화보촬영 등 비즈니스가 된다고 생각하면 어디든지 간다. 외국 출장도 마다하지 않으며 여행사의 검증된 고객을 대상으로 체험상품도 판매한다. 이처럼 교토 하나마치는 생존을 위해 끊임없이 변화하고 노력한다.

둘째는 교토 하나마치 특유의 사업시스템이다.

400년 가까운 역사를 가진 교토 하나마치는 철저한 분업과 아웃소싱을 통한 슬림화와 전문화를 추구한다. 교토 하나마치는 고객 창구인 오차야를 중심으로 여러 업체가 상품과 서비스를 납품하는 자유경쟁구조다.

도쿄의 요정과 오사카의 오차야는 대자본을 투입해 요릿집, 게이샤 양성소 등을 통합 관리하였다. 도쿄와 오사카의 하나마치는 모든 서비스가 한 곳의 통제를 받는 수직통합 시스템이지만, 교토 하나마치는 각 분야의 전문가가 분업과 경쟁을 통해 상품과 서비스의 질을 높이는 수평 허브시스템이다.

또 하나마치의 고객 창구인 오차야는 언번들링 unbundling 시스템을 사용하여 일괄적으로 제공하는 상품과 서비스를 분해하고, 특정고객의 취향에 맞춰 최상의 상품과 서비스로 리번들링 rebundling 한다. 최적의 상품과 서비스를 코디네이트하여 고객맞춤 서비스를 제공하는 시스템이다. 이러한 하나마치 경영시스템은 아웃소싱 위주의 기업경영에 좋은 힌트가 될 것이다.

연간 매상 발표로 경쟁을 유발하고 신뢰 바탕의 장기결제를 한다. 수금하면서 한 번이라도 더 고객과 접촉하여 제공한 서비스를 평가받고 고객의 요구를 파악하고자 한다.

지금도 교토 하나마치는 살아남기 위해 변화하고 있다. 이 책을 통해 교토 하나마치만의 독특한 경영시스템을 알고 일본의 게이샤 문화를 바르게 이해하길 바란다.

옮긴이 고경문

# 교토 하나마치의 기본 시스템

### 교토 5대 하나마치

| | |
|---|---|
| 하나마치花街 | 게이코, 마이코와 여흥을 즐길 수 있는 거리. '花街'라고 쓰고 '하나마치' 또는 '가가이'라고 읽는다. |
| 고카가이五花街 | 교토 다섯 곳의 하나마치인 기온코부祇園甲部, 기온히가시祇園東, 폰토초先斗町, 가미시치켄上七軒, 미야카와초宮川町. 교토에는 게이코와 마이코가 있는 5개 지역을 통틀어 '고카가이'라고 하는데 이 책에서는 이들을 모두 '하나마치'로 통일했다. |

### 제도

| | |
|---|---|
| 오키야置屋 | 게이코와 마이코들이 사는 집. 오카상, 마이코, 시코미, 젊은 게이코가 함께 생활한다. 마이코, 게이코가 소속된 프로덕션 같은 곳이기도 하다. |
| 오차야お茶屋 | 게이코와 마이코가 일하는 곳으로 고객에게 전문적으로 연회를 제공하는 장소. 교토 하나마치에서만 볼 수 있다. |
| 하나다이花代 | 게이코·마이코들이 연회를 하고 받는 비용. 센코다이線香代라고도 함. |
| 넨키年季 | 마이코가 오키야에 입주해서 수련받는 기간. 통상 5~6년 정도이다. 넨키 중에는 생활비, 수련비, 그리고 고가의 의상비 등 일체의 비용은 오키야에서 전적으로 부담하며 넨키 중 마이코에게 별도의 급여는 없고 용돈이 지급된다. |
| 넨키보코年季奉公 | 마이코가 계약에 의해 일정 기간 수습하며 수련하는 고용살이. |

## 구성원

| | |
|---|---|
| 오카상お母さん | 오차야 경영자. 게이코·마이코가 하나마치에 있는 동안, 혈연은 아니지만 가장 친밀한 관계에 있는 사람. |
| 시코미仕込み | 마이코가 되기 위해 오키야에 들어와 견습 마이코가 될 때까지의 교육생. 약 1년간의 수련 기간을 갖는다. 시코미일 때는 화장을 하지 않고 평상복을 입고 지낸다. |
| 미나라이見習い | 시코미 생활을 마친 견습 마이코. 마이코로 데뷔하기 전에 오차야에서 연회석의 예법 등을 실제로 배우는 단계. 기간은 약 한 달 정도. 자신의 머리카락으로 일본 전통 머리 모양을 만들고 마이코와 거의 같은 기모노를 입는다. 기모노의 허리띠인 오비는 다라리오비의 반 정도 되는 반다라리를 착용한다. |
| 마이코舞妓 | 게이코가 되기 전의 동기童妓. 의무교육인 중학교를 졸업한 소녀로 1년 정도의 시코미. 한 달 동안의 미나라이를 거쳐 마이코로 데뷔한다. 도쿄에서는 오샤쿠御酌, 한교쿠半玉, 히나기雛妓로 부르고, 교토에서는 마이코라 한다. |
| 게이코芸妓 | 기예를 직업으로 하는 여성. 연회석에서 노래와 춤, 연주를 하고 손님을 접대한다. 도쿄에서는 게이샤芸者, 교토에서는 게이코芸妓라고 부르지만 직업으로서의 정식 명칭은 게이기이다. |
| 지마에 게이코自前芸妓 | 오키야에서 독립한 게이코. 22~23세쯤 오키야 생활을 끝내고 홀로서기를 시작하는데 자신의 화대로 생활을 꾸려나가야 한다. |
| 오네상お姉さん | 자신보다 선배의 마이코나 게이코는 모두 오네상언니이라 부름. |

### 승격 시스템

| | |
|---|---|
| 미세다시 見世出し | 연수 기간을 마친 시코미가 마이코로 데뷔하는 날.<br><br>데뷔 날부터 3일간 마이코는 검은색에 무늬 있는 기모노를 입고 거북이 등껍질 장식을 머리에 꽂는다.<br>목덜미에는 3개의 긴 삼각기둥을 그리는 화장을 한다.<br>미세다시 이후에는 얼굴까지 내려오는 꽃 장식을 머리에 꽂는다. |
| 에리가에 衿替え | 마이코에서 게이코로 되는 것. 약 20세 전후.<br>마이코의 붉은색 옷깃衿에리을 게이코의 흰색으로 바꾼다替える는 의미. 게이코가 되면 가발을 사용한다. |
| 히키이와이 引き祝い | 마이코·게이코의 은퇴식 혹은 퇴직선물. |

### 연중행사

| | |
|---|---|
| 개학식 | 매년 1월 7일에 열리는 기예학교 뇨코바의 개학식.<br>검정 기모노를 차려입은 게이마이코들이 일제히 참석한다.<br>신년에 어울리는 가무공연을 하며 전년도 매상 성적이 좋은 오차야와 게이코, 마이코를 선정해 시상식을 한다. |
| 정기공연과 고카가이 합동공연 | 교토 하나마치에서는 각각 매년 봄과 가을에 정기공연약 1개월 동안을 하고, 다섯 곳의 하나마치는 6월 중순에 이틀 동안 고카가이 합동 전통예능특별공연을 한다. |
| 가오미세 소켄 顔見世總見 | 이즈모의 오쿠니가 시작한 온나가부키의 발상지에 세워진 극장 미나미좌에서는 매년 12월에 26일간 가부키의 인기 배우가 총출연하는 가오미세흥행이 열린다. 약 한 달간의 가부키 공연 중 5일 동안 차례로 다섯 곳의 하나마치 소속 게이코와 마이코들이 이로몬쓰키나 화려한 기모노를 입고 관람을 하는데, 이것을 가오미세 쇼켄이라 한다. |

### 의상과 머리 모양 등

| | |
|---|---|
| 기모노着物 | 마이코와 젊은 게이코는 연회에 나갈 때 옷자락이 땅에 끌리는 기모노를 입는다. 갓 데뷔한 마이코는 양쪽 어깨에 무늬가 있고 옷깃이 붉은색이며, 2~3년이 지나면 한쪽 어깨에만 무늬를 넣고 옷깃은 흰색이다. 게이코가 되면 어깨에는 무늬를 넣지 않는다. 마이코의 기모노는 화려하고 게이코의 기모노는 수수하다. |
| 오비帶와 오코보おこぼ | 기모노의 허리띠. 마이코가 착용하는 5미터 정도 길이의 오비는 다라리오비라고 부른다. 오코보는 마이코가 신는 높이 10센티미터 정도의 오동나무 나막신. 게이코는 게타나 조리를 신는다. |
| 머리 모양 | 게이코는 가발을 착용하고 마이코는 자신의 머리카락으로 머리 모양을 만든다. 와레시노부割れしのぶ는 어린 마이코가 독특한 머리 장식을 많이 사용하여 화려하고 귀여운 머리 모양. 오후쿠おふく는 중견에서 고참 마이코가 머리를 묶어 마게髷, 일본식 상투를 둥글게 만든 머리 모양. |
| 머리 장식 | 계절을 반영해 1년 동안 12종류 이상의 간자시머리에 꽂는 꾸미개를 사용한다. 1월은 설날을 상징하고 격식이 느껴지는 벼이삭 장식, 2월에는 분홍색의 매화 장식, 3월은 노란색 유채꽃과 나비, 4월은 벚꽃과 나비, 5월은 등꽃이나 창포, 6월은 버드나무와 술패랭이꽃, 7월은 부채 장식, 8월에는 참억새 또는 나팔꽃, 9월은 도라지꽃, 10월은 국화, 11월은 단풍, 12월에는 떡 장식 등. |
| 하나카고花籠 | 장방형의 바구니에 비단을 두건같이 붙인 핸드백. |
| 센자후다千社札 | 게이코와 마이코가 명함 대신 쓰는 이름이 들어간 종이. 크기는 2~3센티미터 정도. |
| 화장 | 갓 데뷔한 마이코의 경우 폰토초 이외의 하나마치에서는 아랫입술만 빨갛게 칠한다. 마이코 생활이 1년 지나면 위아래 입술을 빨갛게 칠한다. |

## 기타

| | |
|---|---|
| 뇨코바女紅場 | 교토 하나마치의 기예훈련학교. 나이에 상관없이 하나마치 소속 마이코와 게이코 전원이 학생이다. 일본 전통무용과 전통음악, 전통악기 연주를 가르친다. 예의범절 교육인 '다도'도 필수과목이다. 교양과목으로 꽃꽂이, 그림도 배운다. |
| 료리야料理屋 | 일본의 전통 고급요리를 만드는 음식점. 도쿄에서는 료테이料亭, 요정라 한다. 료리야에서도 게이코·마이코를 부를 수 있고 여흥을 즐기는 오자시키가 있다. |
| 오토코시男衆 | 기모노를 전문적으로 입혀주는 남성으로 하나마치 내에서 유일한 남성이다. |